KLAUS BOVERS

Der Chiemgau –
weiß-blau und
weltoffen

KLAUS BOVERS

Der Chiemgau –
weiß-blau und
weltoffen

VON INSELN, BERGEN, MENSCHEN UND MEER

KULTUR

GMEINER

Sofern hier nicht genannt, stammen alle Bilder vom Autor.
11: LaBrassBanda, Gulliver Theis; 16: Bayerische Schlösserverwaltung; 38: Erika
Schacherbauer; 60: Aquarell von J. Meyer-Andreaus, 1992; 92: Hotel-Gasthof
Hirzinger; 96: Archiv Wagenstaller; 112: Camba Bavaria

Autor und Verlag haben alle Informationen geprüft. Gleichwohl wissen wir, dass
sich Gegebenheiten im Verlauf der Zeit ändern, daher erfolgen alle Angaben ohne
Gewähr. Sollten Sie Feedback haben, bitte schreiben Sie uns! Über Ihre Rückmel-
dung zum Buch freuen sich Autor und Verlag: lieblingsplaetze@gmeiner-verlag.de

Besuchen Sie uns im Internet:
www.gmeiner-verlag.de

© 2014 – Gmeiner-Verlag GmbH
Im Ehnried 5, 88605 Meßkirch
Telefon 07575/2095-0
info@gmeiner-verlag.de
Alle Rechte vorbehalten
2., aktualisierte Auflage 2016

Lektorat / Korrektorat: Claudia Reinert
Satz: Mirjam Hecht
Bildbearbeitung / Umschlaggestaltung: Alexander Somogyi
unter Verwendung eines Fotos von © Jo Graetz / fotolia:
Benediktinerinnenabtei Frauenwörth
Kartendesign: Mirjam Hecht
Druck: AZ Druck und Datentechnik GmbH, Kempten
Printed in Germany
ISBN 978-3-8392-1627-9

DER SEE, DIE INSELN UND DIE UFER

DAS LAND VOR DEN BERGEN

VOM INN ZUR ALZ

ENTLANG DER TRAUN NACH SÜDEN

ALMEN, GIPFEL, WANDERWEGE

DER CHIEMGAU UND DIE CHIEMGAUER
Vorwort

Das Prädikat »weißblau und weltoffen« mögen manche außerbayerischen Landsleute aus unerfindlichen Gründen für ein Paradox halten. Es gibt in Bayern aber Regionen, wo es trotzdem auf den Punkt genau passt. Bestes Beispiel: der Chiemgau.

Die Menschen am »Bayerischen Meer« sind gastfreundlich und großzügig, sie gewähren fast jedem Dauerasyl, wenn es sein muss auch Berlinern. »Gehört man erst einmal dazu, in der Regel vom ersten Tag an, geschehen erstaunliche Dinge«, schrieb vor vielen Jahren ein zugereister Autorenkollege, »Handwerker kommen pünktlich und arbeiten bis tief in die Sommernacht, um Rechnungen muss man geradezu betteln und ganz selbstverständlich wird man augenblicklich von fast allen geduzt.«

Jetzt soll aber niemand meinen, das hätte mit Beliebigkeit oder gar fehlendem Stolz zu tun. An Selbstbewusstsein mangelt es den Chiemgauern bestimmt nicht, aber sie lassen es nicht »raushängen«, wie man hier sagt. Im Chiemgau ist immerhin die erfolgreichste deutsche Regionalwährung (der Chiemgauer) erfunden worden, auch wenn es die Region politisch gar nicht gibt. Dafür gibt es sie kulturell und atmosphärisch umso mehr, und das seit vielen Jahrhunderten. Sie werden merken, was ich meine, wenn Sie sich rund um das Bayerische Meer auf die Suche nach eigenen Lieblingsplätzen machen. Mein Buch soll dafür eine erste Spur legen.

Zum Schluss noch zwei nützliche Hinweise für erste Kontakte mit den Chiemgauern: Das Chiemgau gibt es nicht, auch wenn der Duden das mal zu wissen meinte. Der Chiemgau ist männlich und wird übrigens »Kiemgau« ausgesprochen, so wie der Bayer zu China eben »Kina« sagt. Und woher kommt der Name? Einem Siedler am Ostufer namens Kiemo gefielen im 8. Jahrhundert die Sonnenuntergänge. Er blieb, sein damaliger Lieblingsplatz heißt heute Chieming.

STEFAN DETTL UND LABRASSBANDA —
AUS DEM CHIEMGAU UND IN DER WELT ZU HAUSE ///
WWW.LABRASSBANDA.COM ///

HIER FAND DER CHIEMGAU SEINE MITTE.

HIER FAND DER CHIEMGAU SEINE MITTE

Der See, die Inseln und die Ufer

Mit dem See hat der Chiemgau seine Mitte gefunden. Er brauchte nicht lange zu suchen, sie wurde ihm geschenkt, vor etwa 10.000 Jahren, am Ende der letzten Eiszeit.

Mit seinen Inseln und Buchten war er ein Präsent der Natur, und der Mensch nahm das große, fischreiche Gewässer als Geschenk gerne an. Die Kelten besiedelten Ufer und Inseln, die Römer bauten ein Kastell in Seebruck, und missionierende irische Mönche brachten im 7. Jahrhundert neue Gedanken an den See. Eine Weltsicht, die den Frieden betonte und mit dem Erfolg der christlichen Mission den Grundstock für die Klosterkultur im Chiemgau legte. 14 Klöster gab es zu ihrer Blütezeit, die Inselklöster waren dabei immer die wichtigsten.

Um den See herum fiel die Friedensbotschaft auf fruchtbaren Boden, denn im Chiemgau blieb es immer, selbst in kriegerischen Zeiten, überwiegend friedlich. Der Chiemgauer mag's nun mal harmonisch, und seine eigene Mitte findet er gerne dann, wenn Arbeit und Feiern im Gleichgewicht sind.

Apropos Arbeit: Auf beiden Inseln standen schon früh bedeutende Bauwerke. Da ergibt sich die Frage, wie das seinerzeit mit der Logistik war. Für Transport und Fischerei auf dem Chiemsee gab es lange Zeit nur den Einbaum, ein primitives Fahrzeug aus der Vorzeit. Auf manchen Bildern der Chiemseemaler kann man ihn noch bewundern – und bewundern müssen wir auch die Leistung der alten Inselbaumeister.

Der neue Inselbaumeister Ludwig II. verfügte schon über viel modernere Wasserfahrzeuge, als er Schloss Herrenchiemsee errichten ließ. Schon seit 1846 gab es nämlich auf dem Chiemsee eine Dampfschifffahrt! Das erste Fahrzeug war mehr ein Experiment, aus Fichtenholz gebaut vom Grassauer Zimmermann Wolfgang Schmid. Maschinerie und Dampfkessel kamen aus München, Letzteren fertigte der Kupferschmied Joseph Feßler. Die »Bauernarche« erntete viel Spott, aber dass sie überhaupt schwamm, war eine Sensation und fast wichtiger als die langen Stunden, die sie auf ihrer Jungfernfahrt von der Feldwies zur Fraueninsel brauchte.

Joseph Feßler witterte trotzdem ein Geschäft, kaufte dem Zimmermann die Arche samt königlicher Lizenz ab und baute den ersten eisernen Dampfer namens Maximilian. Der hatte viele Nachfolger und alle liefen und laufen bis heute unter der Flagge der Familie Feßler. Die nach dem Tod des Märchenkönigs heftig einsetzende Neugier auf sein Inselschloss ließ den Chiemgauern keine Wahl, sie erlernten von da an den Fremdenverkehr.

Keine Wahl hatten 80 Jahre zuvor auch die beiden Inselklöster, als sie 1803 mit der Säkularisation aufgelöst wurden. Auf der Fraueninsel durften die Nonnen zwar weiter im Kloster wohnen, aber nur, weil sich für die Gebäude kein Käufer fand. Das Kloster der Chorherren von der Herreninsel wurde dagegen verkauft, im barocken Dom wurde 1818 sogar eine Brauerei eingerichtet. Der Münchner Großkaufmann Alois Fleckinger ließ dafür die zwei Türme abreißen. Die Chiemgauer mochten sein Bier überhaupt nicht, und er gab sehr bald auf. Die Nonnen auf Frauenwörth hingegen gaben nicht auf, ihr Kloster ist heute ein spiritueller Leuchtturm.

Die Chiemseefischer waren bis 1803 gewohnt an klösterliche und kurfürstliche Vorgaben, die neue, ungewohnte Selbstständigkeit war für sie eine große Herausforderung. Aber der See ernährte seine Fischer weiter, Renken und Brachsen wurden schließlich immer gebraucht. Zur Zeit gibt es 16 Fischer am Chiemsee, sechs davon auf der Fraueninsel, manche seit Generationen. An schönen Sommertagen, wenn sich die Fischer den See mit einem Dutzend Dampfer und Hunderten Seglern teilen, kommt es trotzdem nie zu Konflikten. In der Mitte des Chiemgaus mit seiner paradiesischen Szenerie findet jeder sehr rasch seine ganz persönliche Mitte, und sei es nur für einen Tag auf dem See.

HIER WURDE 1948 UNSER GRUNDGESETZ ENTWORFEN.

SCHLOSS- UND GARTENVERWALTUNG HERRENCHIEMSEE ///
ALTES SCHLOSS 3 /// 83209 HERRENCHIEMSEE ///
0 80 51 / 6 88 70 /// HERRENCHIEMSEE.DE ///

Hauptsteg der Herreninsel gegen Mittag, das Schiff hat gerade seine Touristenladung entlassen. Die Dame an der Kasse fragt nach: »Nur das Alte Schloss?« Ja, ich bestehe darauf, dass ich nicht zum Kini will. Sie muss jetzt ungewohnte Prospekte zusammenstellen und ist verwirrt. Wir einigen uns auf den niedrigeren Eintrittspreis.

Seit Langem versucht die Bayerische Schlösser- und Seenverwaltung mit viel Aufwand, das Alte Schloss auf der Herreninsel zu einer gleichwertigen Attraktion zu machen. Auch die Dauerausstellung zum Verfassungskonvent soll dabei helfen. Doch der Kini ist Pflicht, wie ferngelenkt strömen die Besucher zum unvollendeten, aber prächtigen Versailles-Nachbau vom Märchenkönig.

Eher schlicht hatten es die »Väter des Grundgesetzes« im Sommer 1948, als sie in Vertretung der 11 Westländer und Berlins den Entwurf für eine neue deutsche Verfassung formulieren sollten. Der Konvent tagte im ersten Stock des ehemaligen Klosters, in einem Eckzimmer von 45 Quadratmetern, mit vier deckenhohen Fenstern und einer imitierten Holzverkleidung. Für die 23 Ländervertreter und zwei Stenografen war es eng, man drängte sich in zwei Reihen um einen Hufeisentisch. Komfort war Nebensache, wichtig war das Ergebnis. Das kann sich als Grundgesetz bis heute sehen lassen.

Besucher lassen sich am historischen Ort dagegen wenige sehen, ungestört kann ich die ausgestellten Dokumente studieren: Kurz nach der Währungsreform gab es keine Touristen, nur ein paar Reporter und Schwärme von Mücken störten die Gespräche auf den Spaziergängen während der Inselklausur. Die Bedienung im Schlosshotel sprach von einem »lausigen Konvent«, wohl wegen der knappen Trinkgelder. Nach den braunen Bonzen war mit Männern wie Carlo Schmid und Theodor Maunz auch die Bescheidenheit mal wieder zu Gast. Für wie lange? Auch darüber kann man hier gut nachdenken.

✍ Einmal im Alten Schloss sollten Sie es nicht versäumen, den von Johann Baptist Zimmermann gestalteten barocken Bibliothekssaal anzuschauen.

WER MIT DEM BOOT VON DER FELDWIESER BUCHT ZUR KRAUTINSEL
AUFBRICHT, FOLGT DEM KURS DES ERSTEN DAMPFSCHIFFS AUF DEM
CHIEMSEE, DAS IM JUNI 1845 DIE FRAUENINSEL ANSTEUERTE.

Schon ihr Name ist so anspruchslos wie kaum etwas anderes im Chiemgau. Sie duckt sich zwischen zwei weit berühmtere Chiemsee-Inseln, sodass sie der Dampferpassagier vor lauter grüner Bescheidenheit kaum wahrnimmt. Dabei ist ihre Lage höchst exklusiv, mit allen Attributen eines Geheimtipps, der Gott sei Dank niemals einen Tourismus-Baulöwen in Versuchung führen kann. Unbesiedelt und grün, das war sie schon immer und das wird sie bleiben.

Viele Jahrhunderte diente der halbe Quadratkilometer Wildnis den Bewohnern der Fraueninsel und ihrem Kloster als Gemüsegarten und Viehweide. Heute stehen auf der Krautinsel noch ein paar Bootsschuppen, manche mit alten Betonstegen oder rostigen Geleisen, die ins Wasser führen. Im Sommer weiden unbehütet kleine Gruppen von Schafen im Schatten himmelhoher, uralter Weiden. Ansonsten gehören die Kiesufer den Genießern, die sich mit ihren eigenen oder ausgeliehenen Schifferln dort für einen Sommertag ansiedeln. Die wenigen Naturschutz-Schilder werden respektiert. Zwischen der sonnigen Hügelweide im Zentrum und dem schattigen Ufer herrscht ein stiller Frieden, der seltsam paradiesisch wirkt. Selbst an Hochsommertagen, wenn der See voller Segel ist und die Dampfer im Viertelstundentakt vorüberziehen, ist auf der Krautinsel die Zeit stehen geblieben.

Hier entbehrt man gar nichts mehr, und die verrückte Suche nach fernen Zielen löst sich einfach auf. Sich für einen halben Tag am Krautinsel-Ufer einzunisten, baut mehr Stress ab als eine ganze Woche am Strand der Bahamas oder Seychellen. Wer sich dann noch an der Ostseite niederlässt, hat eine Szenerie vor sich, die fromm machen kann. Praktisch ist der Platz ebenfalls. Wenn gegen Mittag die Getränke ausgehen, sind es bis zu Fritzis Biergarten auf der Fraueninsel gepaddelte fünf Minuten. Besonders Sportliche schwimmen die Distanz.

✍ Der Bootsverleih in der Feldwieser Bucht bietet für Aktive und Bequeme alles, was schwimmt. Vorbestellung bei Florian Riepertinger: 01 74 / 4 14 75 07

DAS URALTE PORTAL DES INSELMÜNSTERS ///
ABTEI FRAUENWÖRTH /// 83256 FRAUENCHIEMSEE ///
0 80 54 / 90 70 /// WWW.FRAUENWOERTH.DE ///

ÜBER DIESE SCHWELLE GINGEN JAHRHUNDERTE

Fraueninsel – Inselmünster

Mitten im Dreißigjährigen Krieg, als die Fraueninsel von Flüchtlingen überquoll, stellte im Winter 1627 die Äbtissin Magdalena Haidenbucher im Münster von Frauenwörth eine Weihnachtskrippe auf, deren Figuren heute berühmt sind. Wie das Tagebuch der Äbtissin berichtet, waren die armen Verfolgten voll Andacht und zogen aus der überirdisch scheinenden, frommen Inszenierung viel Hoffnung und Zuspruch. Kein Soldat hatte bis dahin einen Fuß auf die Insel gesetzt – und so blieb es weiterhin.

Über Jahrhunderte haben die Menschen Trost und Beistand im Inselmünster gesucht und gefunden. Das zeigt, für jeden sichtbar, die tief ausgetretene Schwelle im 900 Jahre alten romanischen Portal. Im Inneren bezeugen das die Votivbilder, die der seligen Irmengard als Helferin in der Not danken. Irmengard wird als die zentrale Figur des Klosters verehrt, schon 150 Jahre nachdem sie im Jahr 857 von ihrem Vater König Ludwig dem Deutschen auf der Insel als Äbtissin eingesetzt wurde.

Die Benediktinerinnen durften nach der Säkularisation auf der Insel bleiben, aber auch nur, weil sich kein Käufer für das Kloster fand. König Ludwig I. half 1836 bei der Neueinrichtung, allerdings mussten sich die Nonnen ihre Existenz selbst sichern. Sie gründeten das Irmengard-Gymnasium mit Internat für Mädchenerziehung, das bis 1995 Bestand hatte. Heute treffen sich in der Abtei Frauenwörth Sinnsucher aus aller Welt. Das weithin bekannte Seminarzentrum bietet ihnen ein spirituelles und praktisches Angebot von beachtlicher Breite. Auf Frauenwörth sind Moderne und Tradition kein Gegensatz.

Viele Besucher des Inselmünsters spüren mehr als nur sein ehrwürdiges Alter oder die Bedeutung der sakralen Kunst. Der Ort ist mit einer wohltuend sanften geistigen Spannung aufgeladen, der sich so leicht niemand entziehen kann.

✆ Eine Kirchenführung durchs Inselmünster ist bestimmt keine Zeitverschwendung. Anmeldung über 08054/9070 oder über hanna.fahle@frauenwoerth.de

INSEL-TÖPFEREI KLAMPFLEUTHNER /// HAUS 4 A ///
83256 FRAUENCHIEMSEE /// 0 80 54 / 12 33 ///
WWW.INSELTOEPFEREI.DE ///

»Wenn Sie uns besuchen, dann stehen Sie gleich mittendrin«, lese ich im hauseigenen bunten Führer. Gemeint ist die Werkstatt der Inseltöpferei Georg Klampfleuthner, denn wenn Hochsaison ist auf der Fraueninsel, kann es dort schon mal eng werden. Doch sie wollen es nicht anders, und auch wenn das Interesse der Gäste hin und wieder von der Arbeit abhält, tragen es die Töpfer mit Gelassenheit. Die Töpfer, das sind vor allem Georg und Andrea in der Werkstatt und Isolde im Verkauf der kleinen Boutique. Weil beides ineinander übergeht, stehen wir halt mittendrin. Das ist das Besondere beim Inseltöpfer.

Aber nur auf den ersten Blick, denn das wirklich Besondere sind die traditionellen Farben und Formen der Krüge, Teller, Tassen, Vasen und vor allem der Ofenkacheln. Regale und Gestelle sind voll davon, manches noch halb fertig, aber alles weit weg von dem, was man sonst so kennt.

Im Jahr 2009 feierte der Inseltöpfer sein 400-jähriges Bestehen, die Klampfleuthners selber kamen 1723 aus der Steiermark auf die Insel. Sie wurden, wie andere Handwerker auch, vom Kloster angeworben, die Abtei wollte durch Selbstversorgung unabhängig sein. Manche Kirchenbänke im Münster haben noch alte Namensschilder wie Gürtler, Schuster oder Hafner, die auf frühere Inselhandwerker hinweisen.

Für seine Kachelöfen war der Inseltöpfer schon immer berühmt. Die Hohlformen der Kachelmuster sind zum Teil Originale aus dem 17. Jahrhundert, die heute noch benutzt werden. Alles, auch die Bemalung, ist bei den Klampfleuthners vom ersten bis zum letzten Schritt Handarbeit im eigenen Haus. Selbst die Mitbringsel für Touristen, wie der hübsche, handliche Insel-Campanile. Andrea ist starr vor Schreck, als ich frage, ob es den auch als Salzstreuer gibt. Als sie merkt, dass es nur ein Scherz war, meint sie: »Wir machen ja fast alles, aber eben nur fast.«

🪙 Sonstige Mitbringsel, wie man sie kennt? Eher im Klosterladen, einer Fundgrube für Bücher, Karten, Devotionalien, Gregorianik-CDs, Klosterlikör und anderes.

»Ich fahre schon 30 Jahre raus, aber auch jetzt noch mag ich manchmal nur stehen bleiben und schauen«, sagt der gestandene Chiemseefischer Georg Ferber von der Fraueninsel, mit dem Hausnamen Pollfischer. Er meint dieses einmalige Erlebnis von Morgendämmerung und Sonnenaufgang über dem See, wenn das Boot still liegt und eine Stimmung herrscht, die zu allen Jahreszeiten anders, aber immer besonders ist. Ich kann ihn verstehen, auch wenn mir im Oktober morgens um sechs die Kälte durch und durch geht.

Beim zweiten Netz, mitten auf dem See, schwärmt plötzlich wie aus dem Nichts ein Dutzend Möwen ums Boot, von einer Größe und Lautstärke, die mich verblüfft. »Das sind adriatische Mantelmöwen, die schlucken eine ausgewachsene Renke im Ganzen!«, sagt der Georg und wirft für sie vereinzelte tote Fische zurück ins Wasser. Heute ist letzter Renkentag, danach beginnt die Schonzeit. Während im ersten Netz nur eine einzelne Brachse war, hat er jetzt mehr Glück. Als die Sonne aufgegangen ist, liegen an die hundert Renken auf Eis in den Wannen, und es geht flott zurück zur Insel. Der Fang wandert in die Räucherkammer, und wir gönnen uns den ersten heißen Kaffee des Tages.

Der Ferber Georg ist einer von sechs Fischern auf der Insel. Seit 1570 sind die Pollfischer bereits dort ansässig, er selber hat beim Vater gelernt. Lieber hätte er zwar woanders reingeschnuppert, »aber da ham's mich nicht gelassen«. Die Genossenschaft der Chiemseefischer, derzeit sind es 16 Mitglieder, betreibt zwar auch Fischaufzucht und setzt ein, doch »80 Prozent kommen aus dem See selber«, schätzt Georg Ferber. Sein Fang kommt noch am gleichen Tag geräuchert beim Pollfischer auf den Tisch. Die Stammgäste schätzen das, vielleicht auch weil sein kleiner Biergarten etwas abgelegener aber dafür familiär und überhaupt nicht schickimicki ist.

🍺 Nach dem besonderen Fisch das besondere Bier: Im Inselbräu (Haus 28) braut der Inselbraumeister Daniel Hagen nach dem Motto Qualität statt Quantität.

NICKY SABNIS BEIM AYURVEDA-KOCHSEMINAR IM KLOSTER.

DER HINDU IM NONNENKLOSTER

Ayurveda Kochschule Nicky Sabnis

Am Schrank in der Klosterküche klebt ein Spruch von John Lennon: »Leben ist das, was passiert, während du dabei bist, Pläne zu machen.« Pläne hatte er genug, der Nicky Sabnis, gelernter Ayurvedakoch aus Indien. Gerade war er Vater geworden, die Zukunft sah rosig aus. Doch als er vor 21 Jahren in Deutschland strandete, war weder von den Plänen noch von ihm selbst viel übrig. Schicksalsschläge und Krankheit, er landete ganz unten.

Im Krankenhaus in München nahm die Sozialarbeiterin Gabi den zierlichen Mann unter ihre Fittiche – und dann kam dieser Ausflug auf die Fraueninsel, wo zufällig per Aushang ein Koch für den Seminarbereich gesucht wurde. Nicky wagte es, das Probekochen ging gut, und seitdem gehört er quasi dazu, zum Kloster auf der Fraueninsel – er darf kochen und ist glücklich.

Seit 16 Jahren können die Seminargäste des Klosters wählen zwischen dem bayerischen Klosterwirt und ayurvedischer Küche bei Nicky. Und weil diese rasch einen Ruf bekam, sind seine Kochbücher erfolgreich und seine Ayurveda-Kochkurse weit im Voraus ausgebucht. Zu ihm kommen nicht nur Vegetarier und Indienfans, sondern auch ernährungsbewusste Sportler, neugierige Hausfrauen und Profiköche. Schwester Scholastica, die gestrenge Leiterin des Seminarbereichs, nahm seinerzeit das Probekochen ab und ist heute glücklich über ihre Zusage. Die geräumige Lehrküche im ehemaligen Mädcheninternat des Klosters hat mit Nicky eine neue Bestimmung gefunden.

»Ich erinnere mich an den Tag noch heute«, sagt Nicky über seinen ersten Inselbesuch mit Gabi, die heute seine Frau ist. »Die Berge, das Schiff, die Insel und das Kloster … ja, und jetzt bin ich da!« Bleiben will er auch, er hat sich sogar auf dem Inselfriedhof einen Platz reservieren lassen. Bis dahin aber werden ihm noch sehr viele für seinen gut gewürzten Kulturaustausch dankbar sein. Namaste, Nicky!

✍   Zwischen Gstadt und Breitbrunn hat Nicky am Aussichtspunkt über den See seinen Friedensgarten angelegt, einen Ort der Meditation und des Dankes.

WIRTSHAUS D'FELDWIES /// GREIMELSTRASSE 30 ///
83236 FELDWIES /// 0 86 42 / 59 57 15 /// WWW.WIRTSHAUS-FELDWIES.DE ///

EIN CHIEMGAU-WIRTSHAUS ALS INTERNATIONALE AG

Übersee – D'Feldwies

»Ein echter Schmarrn!« So und ähnlich war die Reaktion auf Wolfgang Gschwendners Vorschlag, eine AG zu gründen. Eine AG, um Geld zu sammeln fürs Betreiben des gerade mit viel Bürgereinsatz grundsanierten Wirtshauses *D'Feldwies*. Die Gemeinde Übersee hatte es im November 2003 zwar gekauft, aber Bürger und Vereine sollten sich mit freiwilliger Arbeit bei der Rettung des Baudenkmals einbringen.

Anwalt Gschwendner sorgte für die notwendige Motivation, nur für den späteren Betrieb und die Einrichtung fehlte noch das Kapital. Also wurden Aktien im Wert von 100 Euro aufgelegt. Der Anwalt nutzte seine Kontakte, der Verkauf brummte, und die Pessimisten gaben Ruhe. Heute hat die AG 1.500 Aktionäre in aller Welt, die Dividende wird für alle, die kommen können, als monatliches Aktionärsessen am Sitz der AG ausgeschüttet. Gschwendners Motiv? »Ich bin in Übersee aufgewachsen. *D'Feldwies* war unser Treffpunkt, als wir jung waren, so was gibt man nicht so einfach auf.« Dass die Gemeinde später von den offiziellen Prüfern gerüffelt wurde – denen war die Aktion zu wenig nach Vorschrift gegangen – dazu meint Gschwendner: »Ohne schnelle Entschlüsse wäre das nie was geworden!«

Das 450 Jahre alte Dorfwirtshaus ist heute geselliges und kulturelles Zentrum von Übersee. Wer ein echtes bayerisches Bierwirtshaus sucht, ist hier richtig. Unterm Dach übt gerade die Plattlergruppe, im ersten Stock ist eine Kunstausstellung heimischer Maler zu sehen, und im wunderschönen Biergarten unterhalten sich die Leute vom Dorf mit den »Fremden«. Die Küche vom Andy ist bayerisch, aber mit viel Fantasie, Vereine feiern manchmal ihre Feste hier, und in der Stube hängt der alte Stammtisch an der Wand, porträtiert vom Farbenfürsten Exter. Leider nur als gute Kopie. Am nächsten Josephitag, dem 19. März, ist wieder Jahreshauptversammlung der AG. Da kommen die Aktionäre bis aus Namibia und Shanghai.

☞ Wer am späteren Nachmittag noch Zeit hat, sollte die paar Schritte zum Exterhaus machen. Ab 17 Uhr ist dort geöffnet, mehr auf der nächsten Seite.

DAS KÜNSTLERHAUS EXTER IST VON OKTOBER BIS APRIL GESCHLOSSEN.
SONST AUSSER MONTAG TÄGLICH VON 17 BIS 19 UHR GEÖFFNET.

KÜNSTLERHAUS EXTER /// BLUMENWEG 5 ///
83236 ÜBERSEE-FELDWIES /// 0 86 42 / 89 50 83 ///

Es gibt Landschaften, von denen gerade Maler magisch angezogen werden, sei das die Provence oder die Heide von Worpswede. Den Chiemgau entdeckten Maler Mitte des 19. Jahrhunderts für sich und damit die Idylle der Fraueninsel. Bald entstand dort eine der ersten bedeutenden Künstlerkolonien in Süddeutschland.

Heute erinnern Jahresausstellungen von Chiemseemalern unterschiedlicher Qualität von ferne an die große Zeit, die echten Klassiker sieht man nur in Museen. An einem Platz kann man aber noch heute einen Meister von damals im Atelier besuchen. Machen wir also per Zeitreise Visite bei Julius Exter (1863 – 1939) in seinem Anwesen, dem Exterhaus in der Feldwies:

Der Kiesweg führt nach links Richtung Garten, die Haustür steht halb offen. »Hallo, jemand daheim?« Gleich links fällt der Blick in einen eher bürgerlichen Salon. Eine freundliche Stimme fragt: »Grüß Gott, kann ich helfen?« Das könnte die Hausdame des Künstlers sein, und – jetzt wieder in der Gegenwart – so etwas in der Art ist sie tatsächlich: Der Kuratorin Monika Kretzmer verdanken wir, dass wir der Persönlichkeit eines besonderen Malers nicht nur in den gezeigten Bildern, sondern in jedem Winkel seines Hauses begegnen – gerade weil es viel mehr als ein Museum ist.

1902 kaufte Exter das Bauernhaus und baute es um. Der blühende Künstlergarten an der Südseite war ein wiederkehrendes Motiv des Farbenfürsten, wie ihn Zeitgenossen nannten. Hier am Chiemsee, mit seinem besonderen Licht, hat er seine lange Entwicklung als Maler vollendet. Nach Salonmalerei und Expressionismus fand er ganz für sich zu seiner suggestiven Farbigkeit. Das Münchner Publikum von 1929 sah in einer Ausstellung der *Juryfreien* erstmals kleinformatige Exter-Landschaften, es war begeistert und die jungen Kollegen verblüfft: Der Alte vom Chiemsee malte mindestens so jung wie sie.

Mehr vom Farbenfürsten zeigt eine ständige Ausstellung in der Gemäldegalerie Julius Exter im Alten Schloss auf der Herreninsel, 08051/68870.

BADEHAUS CHIEMSEE /// RASTHAUSSTRASSE 11 ///
83233 BERNAU-FELDEN /// 0 80 51 / 97 03 00 ///
WWW.BADEHAUS-CHIEMSEE.DE ///

HIER GEHT KEIN RENDEZVOUS BADEN

Bernau-Felden – Badehaus

Wer ein Rendezvous mit ungewissem Ausgang hat, der sollte sich im Badehaus am Bernauer Chiemseestrand verabreden. Für mögliche Gesprächspausen gibt es hier nämlich reichlich Ablenkung und viele Seltsamkeiten, über die sich bestens plaudern lässt. Die Befürchtung, dass der Treff ausgerechnet hier baden geht, kann man getrost vergessen.

Alles, was das Thema Baden und Strandkultur hergibt, ist hier in irgendeiner Form als Dekoration versammelt, von alten Bademode-Plakaten bis zu historischen Wannen- und Duschvorrichtungen. Freitreppen schwingen im Raum wie Takelagen, und Rettungsringe sind überall. Doch statt nach Sonnenöl duftet es appetitlich aus dem offenen Küchenbereich, anstelle der Strandgeräusche herrscht die dezente Klangkulisse von Töpfen und Pfannen. Wer also nur seinen Hunger stillen will, ganz ohne Rendezvous-Druck, ist hier ebenfalls gut aufgehoben. Kinder sind willkommen und haben ihren Spaß in diesem Bademuseum.

Vom Biergarten im Sommer übers gemütliche Tresenhocken im Herbst, von der kleinen Einladung bis zur großen Gesellschaft ist im Badehaus alles machbar. Wenn's in der kalten Jahreszeit stürmt und draußen die Wellen branden, gibt es im Wintergarten mit Seeblick auch schon mal ein Kaminfeuer. Dazu passt für innere Wärme und Behaglichkeit die vorzügliche heiße Fischsuppe. Auch sonst kann sich die fantasievolle Küche sehen lassen, wenn man nicht gerade mit Sterne-Erwartungen Platz genommen hat.

Das Programm übers Jahr ist bunt: Sonntagsbrunch mit und ohne Tangokurs, dieser wahlweise als Open Air oder Workshop, abends Jazzkeller mit Livemusik, Nostalgie-Herbstfest mit historischen Fahrgeschäften und Zirkuszelt, außerdem spontane Events wie Harley-Treffen und Ähnliches. Gestaltet hat diesen schön gelegenen Platz der ewigen Badefreuden Patricia Noé aus Prien, eine Innenarchitektin mit viel Fantasie.

Hier ist der ideale Startpunkt für eine Radltour auf dem Chiemsee-Rundweg, gerade für den spontanen Entschluss: Einen Radlverleih gibt es direkt nebenan.

HEILIGER LACK OHNE KAUFZWANG

Bernau – Classiccars

Was macht denn Isar 12 am Chiemsee? Da steht mitten auf der Wiese neben einer Hallenauffahrt der legendäre BMW 501, die grüne Funkstreife mit Blaulicht, direkt aus dem Fernsehen von damals, als es nur die drei Programme gab. Angerostet und plattfüßig, für einen Lackierer wirbt er sicher nicht, aber zweifellos ist er das Original! Der Blick geht Richtung Hallentor – kaum zu fassen: Eine ganze Halle voller Oldtimer, Chrom und Lack glitzern, das Tor ist nur halb, aber irgendwie einladend offen. Meine Begleiterin seufzt, ab jetzt nimmt die gemeinsame Radltour einen ungeplanten Verlauf.

Auf Zehenspitzen und voll Ehrfurcht betrete ich diesen Techniktempel. Rechts hohe Karossen mit Trittbrettern, schwarz die meisten, dazwischen dunkles Rot. Horch, Mercedes, Bugatti und andere. Im Hintergrund ein silberner Flügeltürer, einige Rolls-Royces und viele andere seltene Herrlichkeiten aus alten Zeiten. Kühle Stille wie in einer Kathedrale, dezenter Ölgeruch. Der junge Mann im karierten Hemd lächelt, als wir uns mit »nur mal eben« als neugierige Nichtkäufer outen. Anschauen? Kein Problem. Nur die Reißverschlüsse der offenen Jacken sollten wir bitte unter Kontrolle halten: Kratzer! Der Lack hat hier heilige Dimensionen.

Im Gespräch erfahren wir, dass die beiden Inhaber der Bernauer Firma *Gross & Schläger Classiccars* in diesem exklusiven Business eine große Nummer sind, trotz der unscheinbaren Fertighalle. Sind deren Tore zu, denkt man an eine Schreinerei, schaut man zufällig durchs Fenster, vermutet man ein privates Museum. Eintritt könnten die beiden verlangen, bei den Schätzen, die sie bieten, aber die freundlichen Chiemgauer offerieren das Erlebnis zum Nulltarif.

So wie den donnernden Sound der acht Zylinder des *Marmon Straight 8 Special* aus Indianapolis. Er wird gerade aus der Halle gefahren für irgendwelche Filmaufnahmen.

📷 Mehr Oldtimer gibt es zu sehen im Museum für Deutsche Automobilgeschichte in Amerang. Mit vielen erschwinglichen Miniaturmodellen im Shop.

PRIENER TOURISMUS /// ALTE RATHAUSSTRASSE 11 ///
83209 PRIEN /// 0 80 51 / 6 90 50 /// WWW.TOURISMUS.PRIEN.DE ///

MESNERSTUB'N /// URSCHALLING 4 /// 83209 PRIEN ///
0 80 51 / 39 71 ///WWW.MESNERSTUBN.DE ///

DER BAYERISCHE ZWILLING: KIRCHE UND WIRTSHAUS

Prien – Urschalling

Wo die Römer ihre Landhäuser bauten und später die Falkensteiner ihre Burgen, an diesen bevorzugten Plätzen finden wir im Chiemgau oft die kleinen, alten Kirchen der besonderen Art. In Urschalling zum Beispiel, einem winzigen Weiler auf dem nacheiszeitlichen Hochufer des Chiemsees. Von Süden auf der Staatsstraße 2092 kurz vor Prien geht es 500 Meter nach dem Kreisel links den steilen Hang hinauf. Oben empfiehlt sich der Parkplatz der Mesnerstub'n, wo Kirchenbesucher alltäglich und deshalb gern gesehen sind. Einmal rechts ums Hauseck und da steht sie, klein, weiß, mit achteckigem Zwiebelturm: St. Jakobus in Urschalling. Vor der Hintertür des Wirts werden gerade Kartoffeln geschält, nur zehn Meter entfernt vom frommen Portal – so sieht sie aus, die altbayerische Nachbarschaft von Kirche und Wirtshaus.

Hier haben die Falkensteiner um 1160 ihre Burganlage erbaut, aus der auch die Kirche hervorgegangen sein soll. Der Ruf von Urschalling hat sich herumgesprochen, wir sind also in Gesellschaft. Jedem Neuankömmling, wenn er nicht gerade Kunsthistoriker ist, sehen wir beim Eintritt die Verblüffung an. Respektvolle Stille, Kommentare werden nur geflüstert, und das Gitter vor dem sakralen Raum akzeptiert jeder. Dieses weithin berühmte Fresken-Kleinod wurde mehrfach restauriert, zuletzt in den Jahren 1980 bis 1991, in denen auch der ursprüngliche Boden wieder ausgegraben wurde.

Die Fresken in der Apsis und im Chorjoch sind noch romanisch, um 1390 hat der letzte Falkensteiner auch den Laienraum mit einer farbigen *biblia pauperum* reich ausstatten lassen. Hier wurden für das leseunkundige Volk alle wichtigen Begebenheiten des Alten und Neuen Testaments bildlich dargestellt. Der ausliegende Kirchenführer verrät zwar viele Details, die einstündige Führung (organisiert vom Priener Tourismus) sollte man trotzdem besuchen!

✒ Im behaglichen Biergarten des Mesnerwirts wird der Besucher mit bewährten Mitteln sehr schnell vom Mittelalter zurück in die Gegenwart geholt.

GASTHAUS ST. SALVATOR /// ST. SALVATOR 3 /// 83253 RIMSTING ///
0 80 51 / 6 30 27 UND 01 74 / 6 57 65 55 ///

GESCHOSSEN WURDE DURCH DIE WAND

St. Salvator bei Prien

Lange stand es leer, das Gasthaus St. Salvator an der Straße von Prien nach Wildenwart, Nachbar einer historisch bedeutsamen Kirche, die der 150 Jahre alten Wirtschaft und der kleinen Ortschaft, zu der sie gehört, den Namen gab. Der Enkel des letzten Besitzers hatte keine rechte Lust auf eine Neueröffnung. Dafür hatte Renate Brinkmann aus Wildenwart, Religionslehrerin, den Elan für zwei und motivierte ihn, es gemeinsam zu wagen. Die Inspiration kam wohl von Sankt Salvator selbst, denn keiner von beiden hatte Gastronomie gelernt. Aber sie kannten eine Menge Leute, und die waren alle begeistert von der Idee.

Fragt man Renate, warum sie am Ende ihrer Lehrerlaufbahn ausgerechnet Wirtin wurde, dann verweist sie auf die bewegte Geschichte des von ihr übernommenen Hauses, von der sie gerne erzählt. Schule, Gasthaus, Kirche – das war früher eine klassische Dorfnachbarschaft. Warum also nicht versuchen, einen Teil dieses Dreiklangs als Treffpunkt wiederzubeleben? Die ehemals große Dorfwirtschaft war nach dem Krieg der Gründungsort des Priener Ludwig-Thoma-Gymnasiums. Hinten im Saal gab es Kino-Vorführungen. Dort hingen auch Schießscheiben, auf die von der Gaststube aus, nach Öffnung einer Holzklappe, »durch die Wand« geschossen wurde. Gott sei Dank hat man in St. Salvator nichts kaputtrenoviert, auch die Klappe gibt es noch; alles ist wie es war, gemütlich, ofengeheizt und zudem mit 30 Plätzen gerade recht.

An manchen Samstagen wird es voll, dann hat Renate zu einer Lesung oder einem Musikevent eingeladen. Ein Programm gibt es nicht, »Wenn sich halt was ergibt« lautet das Motto des Hauses. Die kleine Menükarte ist altbayerisch, im Sommer auch ein bissl mediterran, wenn's passt, wird im Biergarten gegrillt. Alle Produkte sind aus der Region. Bei Renate trifft man immer nette Leute, von nebenan hat Sankt Salvator ein Auge drauf, dass es so bleibt.

🕮 Zur Wallfahrtskirche St. Salvator (12. Jahrhundert) führt ein moderner Kreuzweg durch das Priental, gestaltet von Christine Stadler.

CHIEMSEE-SCHIFFFAHRT LUDWIG FESSLER ///
SEESTRASSE 108 /// 83209 PRIEN AM CHIEMSEE ///
0 80 51 / 60 90 /// WWW.CHIEMSEE-SCHIFFFAHRT.DE ///

BEI NEBEL GING'S NACH KOMPASS
Chiemsee-Schifffahrt

13

»Wenn so viel los ist wie heute, dann fährt er sich nimmer so schön«, sagt Schiffsführer Rudi und macht dabei Handbewegungen, die ein Ungleichgewicht andeuten. Er, das ist der 88 Jahre alte Raddampfer Ludwig Fessler, der Stolz der Chiemsee-Schifffahrt. Auf der voll besetzten Fahrt ist von Ungleichgewicht nichts zu merken, aber Rudi muss es wissen, er ist der dienstälteste Kapitän und fährt den Ludwig schon über 30 Jahre. Ich darf mit ihm auf der Brücke reden, und schnell wird klar, dass die anderen Schiffe der Flotte für ihn nur schwimmende Transportbehälter sind.

Zur Besatzung an diesem schönen Septembertag gehören außerdem Andi, der die Kasse bedient, Sepp, als Matrose beim Anlegemanöver unentbehrlich, und Christine, die den Kiosk macht, als Einzige nicht in Uniform. Als der Ludwig noch unter Dampf fuhr, waren bis zu acht Mann Besatzung nötig, erzählt Rudi. »Und Radar gibt es erst seit 1985, heute haben wir auch noch GPS.« Bis dahin wurde bei Nebel auf dem Chiemsee noch nach Karte und Kompass gefahren. Der Ludwig fährt seit 1973 dieselhydraulisch, den modernen Führerstand hat sich Rudi als gelernter Schlosser selbst entworfen und zusammen mit den Feßler-Schreinern gebaut. Seinen Ludwig kennt er bis in die letzte Niete, und man merkt, dass er mit niemandem tauschen möchte.

Draußen auf den Decks, wenn sich die Hektik nach dem Einsteigen gelegt hat, sieht man nur zufriedene bis andächtige Gesichter. Das schmale, schnelle Schiff begeistert alle, auch die Gruppe der Chinesen wird still und staunt über die eleganten Manöver an den Stegen. »Passiert ist noch nie was«, sagt Sepp, die Passagiere seien bei den Feßlers sicher. Vor vielen Jahren sei mal ein Matrose über Bord und ins Schaufelrad gekommen. »Den haben sie in der schwarzen Kiste weggetragen.« Wahrheit oder Chiemgau-Sage? Von denen kennt der Sepp nämlich alle.

✐ Nicht nur für Nostalgiker: vom Bahnhof Prien mit der historischen Dampf-Lokalbahn von 1887 bis zum Hafen fahren. Ihr Qualm ist denkmalgeschützt.

CAFE-RESTAURANT INSELBLICK /// SEEPLATZ 9 /// 83257 GSTADT ///
0 80 54 / 78 15 /// WWW.CAFE-INSELBLICK.DE ///

ZUM INSULANER-STAMMTISCH AUFS FESTLAND

Gstadt – Inselblick

14

»Die müssen zwischendurch ja auch mal weg von der Insel«, meint voller Verständnis die Wirtin vom Inselblick in Gstadt. »Und auf d'Nacht sind wir hier dann das Wohnzimmer der Insulaner, mit FC Bayern im Fernsehen oder so.« Die Tagesgäste von Tanja Austria-Klett sind dann schon längst wieder auf dem Heimweg, ihr Inselblick aber hat bis 23 Uhr geöffnet. Nicht dass es auf der Fraueninsel keinen Fernseher gäbe, aber so ein kleiner Perspektivwechsel ist für die Insulaner sicher ganz willkommen. Das Boot liegt in Reichweite, der Weg ist kurz, der Kurs klar, und eine Verkehrskontrolle gibt's auf dem Wasser eher selten.

Nach Jahren im Ausland und auf den Weltmeeren brauchte auch die Wirtin mal einen Perspektivwechsel. Sie fand den Mann fürs Leben im Restaurant ihres Kreuzfahrtschiffes und pachtete mit ihm 1999 den neu erbauten Inselblick. Einen festen Punkt, aber doch mit Blick aufs Wasser. Ein Platz mit Tradition, hier stand viele Jahrzehnte lang eine Badeanstalt mit Bewirtung, Treffpunkt der Einheimischen. In Sichtweite der neuen Terrasse mit ihrer Edelstahlreling liegen Schifffahrtssteg, Bootswerft, Lastenfähre, die Anleger der Insulaner, Bootsverleih und viele Seglerbojen – Hafenbetrieb am Bayerischen Meer.

Und dann dieser traumhafte Blick! Gut, dass die Wirtsleute sich darauf nicht ausruhen, denn hier möchte man gern ganze Tage verbringen: kleiner Badestrand, klares Wasser, frischer Fisch und ein paar gute Weine, italienische Pasta, überzeugende Frühstücks- und Teekarte und traditionelle bayerische Brotzeiten. Tanjas Mann kommt von den Philippinen, er hat den Namensteil Austria beigesteuert und statt Asiatischem gibt es von ihm als Koch unter anderem einen hervorragenden Schweinsbraten. Falls es am Sommerabend mal kühl wird: Auch von drinnen im Wohnzimmer kann man es sehen, das Spiel der Lichter auf dem See.

✍ Vom Inselblick gehen Sie am Ufer Richtung Süden nur 20 Minuten bis zu einer der schönsten Aussichtsplattformen zur Naturbeobachtung.

RÖMERMUSEUM BEDAIUM /// RÖMERSTRASSE 3 ///
83358 SEEBRUCK /// 0 86 67 / 75 03 ///
WWW.SEEON-SEEBRUCK.DE/ROEMERMUSEUM-BEDAIUM ///

DER SCHERBEN-KARE UND SEIN BEDAIUM

Seebruck – Römermuseum

Mit den Römern kamen die Kelten im Chiemgau gut aus. Die Menschen im Königreich der Noriker waren an Kulturaustausch und Handel interessiert, die Weltmacht aus dem Süden konnte sich also die Eroberung sparen. So wurde vor 2000 Jahren der Chiemgau auf friedlichem Weg Teil der römischen Provinz Norikum. Seebruck war immer schon ein wichtiger Siedlungsplatz gewesen, für das römische Fernstraßennetz gewann Bedaium, benannt nach dem keltischen Flussgott Bid, nun auch als Brückenkopf am Seeabfluss Alz strategische Bedeutung. Doch all diese alten Geschichten hielten die Seebrucker für nicht so wichtig, bis der »Scherben-Kare« ihnen die Augen öffnete.

Carl Ostermayer, Fotograf und Hobby-Archäologe, entdeckte beim Graben neben Scherben auch Münzen, Fibeln, Waffen, Werkzeuge und die ersten von vielen Gräberfeldern aus der Römerzeit. Eigentlich waren Grabungen von Laien schon in den 60ern eingeschränkt. Mancher Bauherr hätte sich später gerne darauf berufen, doch Ostermayer war inzwischen halboffizieller Lokalarchäologe. Wo immer ein Bagger ansetzte, war der Scherben-Kare zur Stelle, eine Ausnahme, dass er mal nichts fand.

Sensationell sein Fund einer 2000 Jahre alten Schmucklibelle. Eine frische Betonmauer am Friedhof ließ er wieder abreißen, man hatte sie genau auf den alten Fundamenten des römischen Kastells errichtet. Direkt daneben steht heute das Römermuseum Bedaium, 1988 eingeweiht und von der Prähistorischen Staatssammlung in München betreut: moderne Vitrinen, professionelle Beleuchtung und über 500 Exponate!

Den Stolz der Seebrucker hat der Scherben-Kare gerade noch erlebt. Beim jährlichen Römerfest zu seinem Gedenken füllen sich Straßen und Plätze rund um das Museum mit Kelten, Römern und Germanen, mit Handwerkern, Musikanten und antiken Garküchen. Das bunte Bild vom Chiemgau zur Römerzeit hätte dem Kare gefallen.

🖋 Sollte man unbedingt anschauen: Auf dem Radlweg Richtung Truchtlaching steht das rekonstruierte Keltendorf bei Stöffling. Es ist frei zugänglich.

WIRTSHAUS ZUR HIRSCHAUER BUCHT /// HIRSCHAUER BUCHT 1 ///
83355 GRABENSTÄTT /// 0 86 61 / 5 28 ///
WWW.HIRSCHAUER-BUCHT.DE ///

FISCHEREIBETRIEB GEORG TRENKLER /// SCHÖNBLICKSTRASSE 4 ///
83345 HOLZHAUSEN BERGEN /// 01 75 / 3 31 51 69 ///

»Der Trenken-Schorsch liefert uns die Renken und Brachsen vom See täglich, manchmal auch zweimal.« Wirtin Gabi Zaiser weiß, dass ihre Gäste nicht lange warten müssen, wenn der Fisch mal ausgeht, denn der Schorsch – eigentlich heißt er Georg Trenkler – hat seine Fischerei in Rufweite. Ein Glücksfall, wie der gesamte Platz an der Hirschauer Bucht, der so echt und authentisch wirkt mit seinem Wirtshaus als Fischerhütte mitten im Auwald.

»Früher war hier der schönste Badestrand am ganzen Chiemsee«, erzählt Gabi Zaiser. »Der Strand mit dem feinsten Sand!« Der ist seit den 70er-Jahren ausgeblieben, als mit dem Naturschutz für das Achendelta ein Flussarm geschlossen wurde und die Bucht seither verlandet. Den Schutz des berühmten Deltas mit den seltenen Vogelarten verteidigt die Grabenstätter Wirtin trotzdem, auch wenn die Naturschützer manchmal Seltsames denken. Die Geranien an der Terrassenbrüstung wurden mal als »artfremd« in der Umgebung bemängelt. *Ja mei!*

Die Familie Zaiser – Gabi, ihr Mann Hans und Tochter Alexandra – hat das Wirtshaus Hirschauer Bucht 2011 übernommen. Beim Ausbau haben sie mit Geschick den Charakter des Platzes unverändert gelassen. Der kreative Küchenchef Mathias Herbach passt hierhin, er kann nicht nur frischen Fisch, sondern auch frisch Mediterranes. Auf der Terrasse ist es angenehm schattig, in der »Hütte« herrscht eine nicht übertriebene Bootshaus-Atmosphäre. Kein Autolärm, denn beim Publikum dominieren die Radler vom Chiemsee-Rundweg.

Für diese habe ich einen Tipp: Start in Prien um 10.30 Uhr Richtung Bernau, dann haben Sie die Strecke parallel zur Autobahn bald hinter sich und gegen Mittag den frischen Fisch in der Hirschauer Bucht vor sich. Die Zaisers haben von März bis zum ersten Frost geöffnet, danach schafft's der Holzofen nicht mehr, und es wird zugesperrt bis zum nächsten Jahr.

✍ Die 100 Meter Richtung See bis zur Vogel-Beobachtungsstation lohnen sich! Ein traumhafter Blick auf den See, das Delta und viele seltene Wasservögel.

DER KITER-SPOT IN ÜBERSEE BEI BEAUFORT 4.
MEHR INFOS ÜBER: WWW.CHIEMSEE-KITEN.DE

WENN DIE SEGLER
VOM WASSER GEHEN, KOMMEN WIR

Übersee – Kitesurfer

17

Seinen selbstbewussten Spruch mit den Seglern schränkt Florian, der Kitesurfer vom Chiemsee, gleich wieder ein: »Freilich gibt's hier auch Supersegler, aber für uns ist halt alles unter 20 Knoten Wind langweilig.« Über den rasanten neuen Wassersport wollte ich immer schon mehr wissen, der junge Chef des Kiteboarding Chiemsee e. V. klärt mich gerne auf.

Als Mitte der 90er erstmals diese gekrümmten Dinger wie bunte Drachen im Sturm über den See fetzten, fand ich das erst einmal rätselhaft. Dann aber faszinierend, weil an diesen bunten Fetzen Menschen hingen, auch wenn ich von Weitem nicht sehen konnte warum. Sie hatten aber sichtlich Macht über diese »Schirme«, von denen sie im Wahnsinnstempo über die Wellen gezogen wurden und dabei zwischendurch lange Luftsprünge machten.

Basic Jumps nennen das die Kitesurfer, die mittlerweile am Chiemsee zum Bild gehören. Wenn es gescheit stürmt und die Segler im Hafen festmachen, sind die Kiter plötzlich wie aus dem Nichts da. »Jeder ist so was wie ein kleiner Meteorologe«, sagt der Florian, »und wer die besten Wetterdaten hat, ist als Erster am Strand.«

Im Chiemgau gibt es an die 300 von ihnen, rund 90 sind im Verein von Florian, die Szene hat also noch genug Wildwuchs, um spannend zu bleiben. Das Kiten kommt aus der Windsurfer-Bewegung und hat, wen wundert's, seine Ursprünge in Maui auf Hawaii, außerdem seine eigene Fachsprache sowie Wettkämpfe und Stars auf der ganzen Welt.

Der Chiemsee ist kein Anfänger-Revier, »zu viel Wind und oft zu wenig Platz beim Start«, sagt der Florian. Die echten Könner aber mögen diese Herausforderung, am Startplatz neben der Wasserwacht in Übersee herrscht ab Beaufort 4 bis 5 echte Volksfeststimmung. Unter den Neoprenhüllen stecken übrigens zunehmend Mädels, wie der Flori verrät, »extrem cool und ganz ohne Schickimicki!«

✍ Echtes Übersee-Feeling bietet 100 Meter weiter die Beachbar; wenn die Musik läuft, ist geöffnet. Im Sommer Grill, im Winter heiße Getränke. Angesagt, nicht nur bei den Kitern.

DAS LAND VOR DEN BERGEN

AUS DEM SÜDEN KOMMT DAS CHIEMSEEWASSER:
DIE TIROLER ACHE AM KLOBENSTEIN.

VIELE EINFLÜSSE AUS DEM SÜDEN

Das Land vor den Bergen

Der Naturfilmer Stefan Erdmann sagte einmal bei der Vorführung seines genialen Chiemgaufilms, dass der Chiemsee viele Einflüsse, aber nur einen Abfluss hat. Er meinte wohl die Zuflüsse, trotzdem gebe ich dem Versprecher recht. Denn mit den Zuflüssen kamen die Einflüsse, speziell die aus dem Süden.

Vorher kamen aus dem Süden jedoch die Gletscher, vor 150.000 Jahren. Ihr Einfluss hinterließ den Chiemgau, so wie wir ihn kennen, mit dem See und mit den Flusstälern von Inn, Prien, Tiroler Ache und der Traun. Damit wären wir wieder bei den Zuflüssen. Der wichtigste von ihnen ist die Tiroler Ache. Der Wildfluss aus den Kitzbüheler Alpen durchfließt zwischen Kössen und Schleching eine wildromantische Schlucht, die als Entenlochklamm bei den Kanuten äußerst beliebt ist. Zu Zeiten, als die Klamm im bayerisch-tirolischen Grenzgebiet nur durch die Schmugglerwege erschlossen war, soll es dort richtige Wildererkriege gegeben haben. Die Jagdaufsicht in Bayern war viel strenger als in Tirol, weshalb die Tiroler aus ihren leer geschossenen Revieren gerne ins Bayerische wechselten. Das gefiel dort weder den Kollegen noch den bayerischen Jägern.

In Bayern fließt die Ache erst durch Marquartstein, einen frühen Luftkurort, in dem schon Richard Strauss sich entspannte und seine *Salome* komponierte. Wenige Kilometer hinter Grassau mündet die Ache dann in den Chiemsee, wobei sie ein imposantes Delta bildet, das als Naturschutzgebiet europäische Bedeutung hat. Grassau ist ein uralter Markt mit handfestem Charme, dabei Sitz einer der besten Musikschulen. Wolfgang Sawallisch schätzte ihre Arbeit sehr, und immerhin nahm *LaBrassBanda* hier ihren Anfang. Franz Xaver Kroetz erzählt über Grassau, dass es in den 50ern noch echte Kommunisten im Gemeinderat gegeben hat.

Der zweitgrößte Zufluss des Chiemsees ist die Prien. Ihr Tal ist wesentlich kürzer, mit wenig Wasser im Sommer, dafür aber mit viel Einfluss, historisch gesehen. Das Geschlecht derer von Freyberg, das im 16. Jahrhundert seinen Sitz auf Schloss Hohenaschau hatte, war eines der wenigen lutherischen Adelshäuser in Bayern, und Pankraz von Freyberg verdankte der Chiemgau eine frühe Industrialisierung.

Den Freybergs gehörte nämlich im Trauntal, bei der heutigen Ortschaft Eisenärzt, eine ergiebige Erzgrube und eine Eisenhütte, die als Maxhütte bis 1932 in Betrieb war. Im heimatlichen Priental entstanden so zahlreiche Nagelschmieden und Hammerwerke. Dem finanziell klammen Bayern-Herzog Albrecht V. half Pankraz öfter aus der Verlegenheit, doch als sich die politische Großwetterlage drehte, nutzte ihm sein Amt als Hofmarschall auch nichts mehr. 1564 wurde Pankraz als Verschwörer angeklagt und musste für Monate im Münchner Falkenturm einsitzen.

Auch die seit 1875 auf Hohenaschau residierenden Freiherren von Cramer-Klett waren protestantisch. Dem Baron Theodor von Cramer-Klett verdanken die katholischen Aschauer neben vielen Kirchenspenden ihre Eisenbahnlinie nach Prien, die der Baron 1878 auf eigene Kosten bauen ließ und die heute noch fährt.

Den größten Einfluss, auch wenn er kein See-Zufluss ist, hatte für den Chiemgau immer schon der Inn. Durch dieses große Tor zum Süden erfolgte vermutlich ein Teil der römischen Besiedlung. Die Handelsströme im Inntal und mit ihnen die kulturellen Einflüsse waren für den Chiemgau über viele Jahrhunderte prägend.

Noch ein ganz wichtiger Einfluss aus dem Süden hatte mit Wasser zu tun, wenn auch nur in Form einer hölzernen Pipeline. Durch sie floss als Sole das in Wasser gelöste weiße Gold aus den Salzstöcken in Reichenhall und Berchtesgaden zu den Salinen in Traunstein und Rosenheim, wo es lange Zeit für großen Wohlstand sorgte. Die viele Kilometer lange kunstvolle Leitung mit ihren raffinierten Pumpstationen war für die Zeit um 1820 eine technische Meisterleistung, heute noch im Museum *Salz & Moor* zu bewundern (www.grassau.de).

DER PARKPLATZ NAHE DER BANK IST NUR FÜR EINEN WAGEN,
BESUCH IM KONVOI IST EHER UNGÜNSTIG.

GLETSCHERBLICK EISFREI
Osterbuchberg

18

Hier geht es mal nicht um aktuellen Gletscherschwund und Klima-
wandel, denn wer auf dieser Bank Platz nimmt, blickt unmittelbar
zurück in eine erdgeschichtliche Epoche, die vor rund 10.000 Jahren
endete: die letzte Eiszeit. Von Süden kamen die gewaltigen Gletscher,
nach deren endgültigem Schmelzen die bayerische Voralpenlandschaft
so zurückblieb, wie wir sie heute kennen. Der Chiemseegletscher fand
exakt hier die Stelle, durch die er seine Massen nach Norden ins Freie
schieben konnte.

Das Gletschertor mit seinen steil ausgefrästen Flanken am Hang
des Hochgern im Osten und der Hochplatte im Westen ist gut zu er-
kennen. Ohne viel Fantasie können wir uns die Eismassen vorstellen,
sicher kein leichter Weg für Ötzis Vorfahren. Machen wir einen Sprung
in die Zeit um 10.000 v. Chr. Wir sitzen dann am gleichen Fleck auf
einer Insel und schauen auf den riesigen Ur-Chiemsee. Rechts der Westerbuchberg als unmittelbare Nachbarinsel, hinter uns die Herreninsel.
Die zwei Ex-Inseln und ihre noch aktuelle Schwester sind hochgepress-
te Schollen aus Molasse, einem voreiszeitlichen Festgestein. Der Geolo-
ge Dr. Robert Darga vom Mammut-Museum in Siegsdorf gerät wegen
der besonderen geologischen Situation ins Schwärmen: Das Gletschertor am Osterbuchberg gehört für ihn zur »Knautschzone« zwischen
den Alpen und Ur-Europa.

Kein alltäglicher Platz also, erdgeschichtlich gesehen. Wie man
hinkommt? Auf der Staatsstraße 2096 von Grassau nach Chieming abbiegen Richtung Almau, dann die Tiroler Ache überqueren und an Alt-
wässern vorbei nach Osten fahren oder wandern. Die schmale Asphalt-
straße geht nach 500 Metern scharf links bergauf, oben angekommen
wieder scharf nach rechts. Linksseitig stehen hohe Buchen, die erste
Bank am Waldrand zeigt ihn dann, den garantiert noch lange eisfreien
Gletscherblick.

🖎 Mein Tipp für die Hobby-Geologen: das Naturkunde- und
Mammut-Museum in Siegsdorf besuchen und die Entstehung
der Alpen erleben (Seite 137).

NACH WESTERBUCHBERG KOMMT MAN AUF DER KREISSTRASSE 45,
GRASSAU-ÜBERSEE, IM WEILER GRÖBEN NACH WESTEN ABBIEGEN,
DANN ZWEI KILOMETER BERGAUF.

ZAUBERSPRUCH MIT AUSBLICK

Westerbuchberg

19

Wie so oft im Chiemgau geben sich die Höhepunkte ganz unspekta-
kulär. So auch die kleine Filialkirche St. Peter und Paul am Ende des
Weilers Westerbuchberg. An ihrer Westseite steht ein eher schmuck-
loser Spitzturm, durchgehend mit Holzschindeln getarnt. Immerhin
leuchtet ein frisch vergoldeter Wetterhahn, aber sonst ist hinter der
Friedhofsmauer alles schlicht und bescheiden. Besucher sind in der
Regel allein, wenn sie die schwere Eichentür hinter sich schließen.
Jetzt haben sie Gelegenheit, sich für den atemberaubenden Blick nach
Süden über das Moor Richtung Berge mit einer Kerze zu bedanken.

Wir stehen in einer der ältesten Kirchen im südlichen Chiemgau.
Romanisch sind die Ursprünge, gotisch die Gewölbe nach dem Umbau um 1400 und auch die 1958/59 freigelegten Fresken. Unter ihnen
sind die 14 Nothelfer im Seitenschiff eine Besonderheit. Beim Umbau
ist der Gemeinde wohl das Geld ausgegangen, sodass nur noch ein als
Fresko gemalter Altar möglich war.

Eine weitere Besonderheit wurde 1902 auf dem Dachboden
entdeckt: ein SATOR-Viereck aus gotischer Zeit. Fünf Worte mit je
fünf Buchstaben stehen als Quadrat untereinander: sator / arepo / tenet / opera / rotas. Man kann die Worte vorwärts oder rückwärts lesen,
von oben oder unten, immer ergeben sich diese fünf Begriffe. Eine frag-
mentarische Übersetzung lässt den Sämann (sator) die Werke (opera)
in seiner Hand halten (tenet). Solche aus verschiedenen Richtungen les-
bare Formeln sind schon aus der Frühzeit des Christentums bekannt,
auf dem Land spielten sie lange Zeit als Schadensabwehrzauber eine
große Rolle.

Über die Deutung des »Zauberspruchs« gibt es viele Theorien.
Die Bäuerin vom Hof nebenan im Haus 102 interessiert keine davon,
sie sperrt nur in der Früh die Kirche auf und auf d'Nacht wieder zu. Die
14 Nothelfer haben ein Auge drauf, dass zwischendurch nichts passiert.

✍ Zwei Häuser weiter rechts neben der Bäuerin mit dem Kirchen-
   schlüssel (Nr. 96) werden hervorragende eigene Obstbrände
   verkauft. Man darf auch probieren.

DIE TOURIST-INFO IN GRASSAU HÄLT VIELE INFORMATIONEN ÜBER DIE KENDLMÜHLFILZEN BEREIT, ÜBER IHRE DIVERSEN WANDERWEGE, AUS-SICHTSPUNKTE UND LEHRPFADE.

TOURIST-INFO GRASSAU /// KIRCHPLATZ 3 /// 83224 GRASSAU /// 0 86 41 / 69 79 60 /// WWW.GRASSAU.DE ///

DER ALTE WEG DURCH DIE »GRÜNE HÖLLE«

Kendlmühlfilzen – Ewigkeitsweg

20

Wenn er das Schild »Ewigkeitsweg« liest, wird sich der Wanderer vielleicht fragen, ob es hier zu einem spirituellen Platz mit Blick in die Ewigkeit geht. Oder, wenn er erschöpft ist: »Geht diese grüne Hölle denn ewig so weiter?« Die letzte Empfindung kommt dem Ursprung des Namens am nächsten.

Denn so viel weiß er sicher, dass er hier mitten durch ein ehemaliges Hochmoor wandert: die Kendlmühlfilzen, in der vor vielen Jahrzehnten noch Torf abgebaut wurde. Von Bauern auf ihrem privaten Torfstich, unauffällig und eher am Rande; mit viel Aufwand dagegen, quasi industriell, durch Kolonnen von Strafgefangenen. Diese kamen von der im Westen gelegenen Strafanstalt Bernau, arbeiteten manchmal am anderen Ende der Filzen, weit im Osten, und wurden nach Schichtende mit einer Feldbahn zurückgekarrt. Auf einem Weg, der ewig kein Ende nehmen wollte. So zumindest erklären uns die Einheimischen den Wegnamen.

Wer genau hinschaut, sieht neben dem Wanderpfad eine Art Schneise, von Gras und Gebüsch überwuchert. Schnurgerade, wie ein langer grüner Tunnel durch das Birken- und Erlengehölz, vom Ende des Weges ist ewig nichts zu sehen. Hier liefen die Schmalspurgeleise, auf denen in offenen Wägen die unfreiwilligen Torfarbeiter zur Arbeit und wieder zurück fuhren. Heute ist der Ewigkeitsweg grün und friedlich und gehört auch deshalb zu den touristischen Geheimtipps im Chiemgau.

Besonders zu empfehlen im Frühjahr, wenn das Wollgras mit seinen weißen Schöpfchen blüht, oder im Sommer, wenn die Moorheide die Flächen violett dominiert. Wer einen Blick dafür hat, findet Preisel- oder Moosbeeren. Libellen aller Art stehen über den Wasserflächen ehemaliger Torfstiche, ehemalig deshalb, weil die Filzen seit 1992 als Naturschutzgebiet ausgewiesen ist. Langsam aber stetig findet das Hochmoor in seinen ursprünglichen Zustand zurück.

✍ Die Kendlmühlfilzen von oben betrachten kann man im Berggasthof Adersberg in Rottau (0 86 41 / 69 93 60, www.hotel-am-chiemsee.de).

DER TORFBAHNHOF 1992, AQUARELL VON JÜRGEN MEYER-ANDREAUS.

BAYERISCHES MOOR- UND TORFMUSEUM ROTTAU ///
ENDE DER HACKENSTRASSE /// 83224 ROTTAU ///
0 80 51 / 9 67 47 01 /// WWW.TORFBAHNHOF-ROTTAU.DE ///

MUSEUM SALZ & MOOR /// KLAUSHÄUSL 11 /// 83224 GRASSAU ///
0 86 41 / 40 08 18 (MUSEUMSLEITUNG) /// WWW.GRASSAU.DE ///

Es gibt überall Leute, die gerne alte Gebäude plattmachen, aber auch Menschen, die deutlich »Halt!« sagen, bevor die Abrissbirne kommt. Ihnen verdanken wir auch Industriedenkmäler, »denkmalrechtlich geschützte Zeugnisse vergangener Kulturgeschichte« nennen sie die Fachleute. Da mal wieder so ein Kultur-Abriss drohte, machten sich Ende der 80er einige von ihnen auf den Weg von München in die Kendlmühlfilzen. In diesem Chiemgauer Hochmoor, heute unter Naturschutz, war jahrzehntelang industriell Torf abgebaut worden. Die Fachleute fanden eine gänzlich in Holz errichtete Industrieanlage aus dem Jahr 1920 vor, die zwar äußerlich einer Ruine ähnelte, technisch und baulich aber nirgends ein Vorbild hatte. Das war entscheidend, der Torfbahnhof Rottau ist deshalb seit 1988 denkmalgeschützt.

Das auffällige Gebäude an der Bahnstrecke München–Salzburg ist als Museum einzigartig. Vielleicht wirkt seine triste Aura, aber doch wohl eher die alte Technik, als Besuchermagnet. Der Verein, der die museale Seltenheit betreut, lässt vieles so, wie es war. Echtheit ist ihm genauso wichtig wie eine moderne Präsentation. Kinder lieben den Torfbahnhof, ganze Schulklassen dürfen am Ende ihres Museumstages mit der alten Feldbahn ein paar Runden durchs Grüne zuckeln. Wenn ein älterer Herr die Lok fährt, so ist das der Museumsgründer. Er gönnt sich das hin und wieder.

Kaum zwei Kilometer entfernt an der B 305 widmet sich ein zweites Museum ebenfalls dem Thema Moor. Im Klaushäusl, einer historischen Pumpstation der Salzsole-Pipeline von Reichenhall nach Rosenheim, präsentiert sich das hochmoderne *Museum Salz & Moor*. Sein Highlight: die original Reichenbachsche Solehebemaschine. Es soll zwischen beiden Museen mal Streit um das Thema gegeben haben, aber davon redet heute niemand mehr. Ein Nachbarschaftsstreit dauert im Chiemgau nicht lange.

✍ Entlang der historischen Sole-Pipeline gibt es einen 130 Kilometer langen Salinenweg, für Radl und Wanderer geeignet. www.fahrradreisen.de/radwege/r21.htm

MEHR ÜBER CHIEMGAU-MÄRKTE BEI:
WWW.CHIEMGAU-TOURISMUS.DE/VERANSTALTUNGEN ///

GEMEINDEVERWALTUNG / SACHGEBIET MÄRKTE /// MARKTSTRASSE 1 ///
83224 GRASSAU /// 0 86 41 / 40 08 15 /// WWW.GRASSAU.DE ///

AN MICHAELI IST GRASSAU MARKTFÜHRER
Chiemgaumarkt Grassau

22

Im Chiemgau werden wir regelmäßig daran erinnert, dass mit Markt mal etwas anderes gemeint war als jenes anonyme und globale Wesen, das unseren Bossen angeblich die Entscheidungen diktiert. Wenn an Georgi und besonders an Michaeli in Grassau die Straßen und Plätze für den Verkehr gesperrt sind, liegen dem ganz einfache und durchschaubare Marktgesetze zugrunde. Zum Beispiel jenes, nach dem alle 250 Fieranten, die angemeldet sind, ein Recht auf ihren bestellten Platz haben. Da sind die fahrenden Händler eigensinnig und kämpfen um Zentimeter, wenn es sein muss. Der Grassauer Marktmeister Horst Lehnert mag seinen Job gerade deswegen, denn »nur mit Bürokratie geht hier nix!« Seine Gemeinde trägt den Titel »Markt« mit Stolz, steckt dahinter doch die 150 Jahre alte Tradition eines jährlichen Vieh- und Warenmarktes.

Im Chiemgau geht es an Markttagen überall so zu wie in Grassau: Das ganze Achental trifft sich, bei der Musik, am Würstlgrill oder beim Steckerlfisch, man hat sich fesch gemacht, es wird gekostet, an den Biertischen geratscht und gelacht, und am Ende wird alles Mögliche und Unmögliche heimgeschleppt. »Früher waren es die Socken, heute dominieren die Olivenhändler, wo man probieren kann«, sagt der Grassauer Marktmeister, wobei er bedauert, dass der Viehmarkt stark geschrumpft ist, »bis auf ein paar Hühner, Kaninchen, Schafe und Ponys.«

In 150 Jahren ändert sich halt manches, geblieben ist den Chiemgauern aber die Lust am Marktgehen. Nicht von ungefähr gibt es überall die Wochenmärkte, die zwar eine kleinere Variante, aber als Treffpunkt genauso beliebt sind. In Grassau ist das jeden Samstag der Bauernmarkt im Heftergewölbe, und ansonsten lohnt es sich, bei jeder größeren Gemeinde die Tourist-Info zu fragen. Auffallend ist: So etwas wie Konkurrenz unter den Gemeinden gibt es nicht, jeder ist an seinem Ort der Marktführer.

⚑ Der Grassauer Georgimarkt findet Ende April statt, der Michaelimarkt Ende September, jeweils am Wochenende. Tipp: Blattl-Sonntag in Traunstein, Ende September.

HIER GEHT MUSIK IM HANDUMDREHEN
Grassau – beim Drehorgelbauer

23

Über Omas Spruch »Am Drehen liegt's, sagt der Spielmann« haben wir als Kinder nur ratlos gekichert. Die Oma stammte aus Sachsen, und ihr Spruch bekommt jetzt einen Sinn, denn Alois Blüml klärt mich auf: Leipziger Drehorgelbauer zogen um 1890 herum eine imponierende Musikindustrie auf, mit Millionen von Tonträgern, lange vor der Schallplatte.

Was hat jetzt Sachsen mit dem Chiemgau zu tun? Eigentlich nichts, doch bei mir in Grassau um die Ecke, im Zacherlhof, lebt und arbeitet einer der letzten Drehorgelbauer, ein Chiemgauer. Alois Blüml erfindet nicht nur neue, sondern baut auch alte Modelle nach. Seit 30 Jahren sammelt, restauriert und repariert er diese uralten Musikautomaten, deren häufigstes gemeinsames Kennzeichen die Kurbel ist. Mal zum Aufziehen, mal als Fitnessübung für den Spielmann, den Leierkastenmann aus den Hinterhöfen in alten Filmen.

Dass aber lange vor dem Kino beispielsweise die Leipziger Ariston-Musikwerke Hunderttausende solcher Automaten als Tischversion in die guten Stuben stellten, das ist heute vergessen. Also wurden sie ein weltweites Sammlerthema. Wenn Alois Blüml mit ansteckender Begeisterung seine Schätze vorführt, weiß man schnell warum. Bis jedoch die alten Pfeifen oder Messingzungen überhaupt wieder einen Ton von sich geben, dauert es oft viele Monate. Schon Blümls Werkstatt gleicht einem Zauberkabinett, aber richtig spannend wird es erst, wenn er an der Südseite des Hofs die Tür zu seiner Sammlung aufsperrt.

Und die Tonträger? Ohne die gestanzten Papp- und Blechscheiben bleiben alle Apparate stumm. Blümls Sammlung von Originalen ist imposant, Kopien sind aber möglich, und theoretisch, so erklärt er mit leuchtenden Augen, bringt er mit dem eigenen System und seiner Stanzmaschine auch die Beatles auf die Drehorgel. Alois Blüml zeigt seine Schätze gerne, aber rufen Sie ihn lieber vorher an.

🎵 Nach so viel Automaten wieder Lust auf Live-Musik? Fragen Sie beim Eisenwarenhändler Welte, Grassaus Top-Veranstalter für Rock und Blues, 08641/3090.

DIE JÄHRLICHE TRACHTENWALLFAHRT NACH RAITEN,
ERNST FÜR DIE EINEN, HEITER FÜR DIE ANDEREN.

Vor wenigen Jahren hat man sie als Tourist noch übersehen, die Wallfahrtskirche von Raiten. Sie war für die Durchreisenden, abgelenkt von der engen, kurvigen Straße durchs Dorf, praktisch unsichtbar. Heute präsentiert sie sich wieder dominierend über einer malerischen Szenerie, von der Umgehungsstraße aus für jedermann sichtbar. Am Dorfbach gibt es Parkplätze, und unbehelligt vom Verkehr kann man zur Kirche hinaufspazieren. Der ummauerte Friedhof, grasbewachsen und mit den typischen Grabkreuzen, bietet einen idyllischen Ausblick ins Achental. Das ist ein Platz, der Frieden ausstrahlt und Schutz; es heißt, dass hier oben die Burg der Ministerialen des Grafen Kraiburg-Ortenburg stand, die im Hochmittelalter das Achental überwachte.

Beim Eingang durch den Turm stehen wir vor einem großen Votivbild, das die »Dorfschafft von Raitten« nach einem Dorfbrand 1782 der Madonna »zum andenken« hat malen lassen. Von direkter Hilfe ist nichts zu lesen, die vielen eilenden und mit Eimern löschenden Raitener waren selbst recht aktiv, offenbar nach dem Motto: »Hilf dir selbst, dann hilft dir Gott.«

Die ehemals romanische Burgkapelle stand einmal unter dem Patronat der Gertrud von Nivelles, der man große Kraft gegen die Ratten- und Mäuseplage nachsagte. Mit einer Maus steht sie heute noch im Hochaltar, direkt über der Madonna. Nur wer genau hinschaut, sieht das graue Tierchen, wie es den Äbtissinnenstab hinaufwill, von der Heiligen lässig mit zwei Fingern daran gehindert.

Zu Christi Himmelfahrt findet jährlich eine Trachtenwallfahrt nach Raiten statt, bei der viele hundert Trachtler der Madonna zu den sieben Linden ihre Aufwartung machen. Von den sieben Linden ist vor der Friedhofsmauer nur noch ein uraltes Exemplar übrig. Ihr dichtes Blätterdach bietet Schatten und Regenschutz für einen der friedvollsten Aussichtsplätze im Chiemgau.

✐ Wer Interesse an einer Kirchenführung hat, wendet sich an das Pfarramt in Schleching, 08649/210. Der örtliche Heimatpfleger wird von dort informiert.

EIN PLATZ ZUM ABHEBEN
Unterwössen – Segelflugplatz

25

»Über den Wolken …« – den Song vom Liedermacher Reinhard Mey haben wir alle im Ohr. Wie das mit der grenzenlosen Freiheit da oben wirklich ist, überprüfen nur wenige. In Unterwössen gibt es einen Platz, an dem wir den wenigen zuschauen können, die das gelernt haben. Auch wenn sie dabei meist unter den Wolken bleiben. Die Deutsche Alpensegelflugschule, kurz DASSU genannt, hat hier ihren Standort.

Der Publikumsmagnet ist das Open-Air-Büro des Flugleiters, der hier an Tagen mit guter Thermik bis zu 200 Piloten, Flugschüler und alte Hasen per Sprechfunk an der Leine führt, den Start freigibt oder auch nicht und überhaupt das Sagen hat. Weil der Funkverkehr mitgehört werden kann, versammeln sich um ihn auf extra installierten Sitzbänken alle, die unten bleiben müssen.

Hundert Meter weiter gibt es einen Biergarten. Daneben stehen, quasi auf Tuchfühlung, bei gutem Flugwetter die Maschinen Schlange am Startplatz. Eine nach der anderen zieht die Seilwinde in Minutenschnelle bis auf 500 Meter Höhe. Teils sind das bunt bemalte Veteranen, teils elegante Hightechgeräte, denen man die Hochleistung deutlich ansieht. Die Schleppstarts mit dem Motorflieger, das gleichzeitige Kurvengleiten von drei bis vier Maschinen über dem Platz und die Landungen auf der 700-Meter-Bahn, das sind die Hingucker für einen ganzen Sommertag.

Ein solcher Tag reicht, um »Insider« zu werden, dem dann bald eines auffällt: die ansteckende Lässigkeit der Akteure. Nicht die kleinste Hektik bei Piloten, Helfern oder Fluglehrern. Die Mischung aus Gelassenheit und Höhenflug fasziniert und beruhigt zugleich. Ein Nachmittag am Fliegerstadl hat nachhaltige Wirkung gegen Alltagsstress. Es gibt noch einen Grund, hier Platz zu nehmen: die beste Currywurst im Achental und das herrlich frische Fliegerwasser, Spezialrezept der Wirtin Michaela Mix.

☞ Weit abgehoben über den neuen Siedlungen unten im Achental liegt das uralte Bergdorf Achberg. Die drei Kilometer Bergstraße von hier nach Süden lohnen sich!

DIE TIROLER ACHE IST DER HAUPTZUFLUSS DES CHIEMSEES.

GASTHAUS ZELLERWAND /// RAITNER STRASSE 46 ///
83256 SCHLECHING-METTENHAM /// 0 86 49 / 2 17 ///
WWW.GASTHOF-ZELLERWAND.DE ///

EIN TAG AM CHIEMGAUER YUKON
Tiroler Ache

26

»Hier schaut's ja aus wie in Kanada!«, ruft Sebastian, als er die sonnige Kiesbank am grünen Fluss sieht. Für Jack London ist er noch zu jung, denkt sich der Opa, es werden wohl die Geo-Hefte gewesen sein. Der Enkel hat recht, die Tiroler Ache baut hier als Wildfluss nach jedem Hochwasser einen neuen Tummelplatz für die Fantasie. Am Oberlauf des Yukon sieht es sicher nicht anders aus, wenn die Sonne nach der Überschwemmung die Weidenbusch-Inseln trocknet, wo frisches Treibholz wild durcheinander liegt. Nur noch ein Lagerrest der Athapasken ist zu sehen, ihre typischen Totempfähle mit den geflochtenen Traumfängern aus Weidenästen hat das Wasser verschont. Schade, die Limoflasche im Sand zeigt, dass hier nur das Schlechinger Jungvolk Indianer gespielt hat. Schön muss es sein, in dieser traumhaften Umgebung aufzuwachsen.

Von der B 307 zwischen Marquartstein und Schleching sind es vom Parkplatz an der Bachbrücke bei Mettenham gerade mal 20 Gehminuten bis nach »Kanada«, trotzdem ist es dort auch an schönen Sommertagen erstaunlich ruhig, nahezu menschenleer. Vielleicht zu viel Natur auf einmal? Die Steine sind aufgeheizt, die Ache rauscht glitzernd über flache Stellen, das steile Waldufer gegenüber zeigt alle Schattierungen von Grün, und die Bussarde teilen sich den weißblauen Himmel mit einem Segelflugzeug. Von Zivilisation ist sonst nichts zu hören und zu sehen. Das Grillfeuer geht langsam aus, und die Kinder bauen friedlich ihre Stauseen. Auf die Frage, ob wir »da mal wieder hingehen«, gibt es nur ein eindeutiges Ja. Spätestens im Herbst, beim »Chiemgau-Indian-Summer«, wenn der Waldhang gegenüber in allen Farben leuchtet.

Wie gesagt, man muss bereit sein, etwas zu wandern, um nach »Kanada« zu kommen. Was man für einen schönen Tag in der Wildnis braucht, muss getragen werden, doch die kleine Mühe lohnt sich!

✍ Gleich hinter Mettenham Richtung Raiten liegt an der Straße das schöne historische Gasthaus Zellerwand (*Beim Birner*). Dominik Müller kocht erstklassig!

NICHTS KANN DIR GLEICHEN, O MARIA AUF DEM STREICHEN ...

Streichenkirche St. Servatius

27

Und der fromme Spruch geht weiter: »... Sankt Wolfgang, Servaz, Dionys, ihr helft uns allemal ganz gwiss!« Obwohl Servatius zu den Eisheiligen gehört, traut das Verserl den drei Heiligen im gotischen Altar der Streichenkirche offenbar viel Gutes zu. Wer waren nun diese drei Schutzpatrone? Dionys wurde in Paris enthauptet, darum trägt er einen zweiten Kopf unterm Arm. Servatius war Bischof von Maastricht, lange vor den Europa-Verträgen. Mit Politik wollte der dritte, St. Wolfgang von Regensburg, Zeit seines Lebens nichts zu tun haben. Deshalb zählt er in Bayern wohl zu den beliebteren Heiligen.

Georg Lohmeier schreibt: »Wer im Chiemgau war und nicht auf dem Streichen, der kennt die fromme Vielfalt abendländischer Kultur nicht.« Wir ahnen, was er meint, wenn wir die kleine Vorhalle von St. Servatius betreten. Vor lauter gotischen Fresken und Schnitzereien weiß man nicht, wo man zuerst hinschauen soll. Es ist dabei nichts überladen und alles wohltuend schlicht. Der wunderschöne Flügelaltar, von einem Salzburger Meister geschaffen, wurde übrigens im 17. Jahrhundert nach Gschwendt in Tirol entführt. Erst Denkmalpfleger Rudolf Esterer brachte ihn 300 Jahre später an seinen angestammten Platz zurück.

Die Streichenkirche ist für Chiemgaubesucher ein Muss, zumal heutzutage der bequeme Weg vom Wanderparkplatz keine halbe Stunde dauert. Früher brauchten die Pilger länger, bis sie auf dem Naturbalkon Streichen auf 814 Metern angelangt waren. Weltlichen Ausgleich für ihre Mühen fanden sie im Mesnerhof, der 1435 dort als Refugium für kirchliche Würdenträger errichtet wurde, bald aber allgemein als Gasthaus diente. Der Blick auf Geigelstein und Achental ist von den Tischen im Freien unvergleichlich. 20 Meter oberhalb schaut man von der Kirche aus nach Tirol, wohin die drei Heiligen ihren kurzen Ausflug gemacht haben.

✿ Das altmodische Angebot des Wirts Franz Strohmayer »Fremdenzimmer mit Fl.k.+w.Wasser+Heizung« verspricht ruhige Nächte unter Obhut der Heiligen.

DIE ÖLBERGKAPELLE BEI SACHRANG

MÜLLNER-PETER-MUSEUM /// SCHULSTRASSE 3 ///
83229 SACHRANG /// 0 80 57 / 90 97 37 (TOURIST-INFO) ///
WWW.MUELLNER-PETER-MUSEUM.DE ///

In Sachrang, einem Dorf am oberen Ende des Prientals, unweit der Grenze zu Tirol, wurde am 29. Juni des Jahres 1766 das fünfte Kind der Müller-Eheleute Huber geboren. In den Peter setzte die Familie und das ganze Dorf große Hoffnungen. Mit 12 wurde er nach München geschickt als Kandidat für die Priesterausbildung. Die frommen Gebirgsbauern versprachen sich einen schönen Anteil künftiger Heilsfülle, wenn der Peter einmal geweiht sein würde.

Mit 18 kehrte er aus München zurück. Ohne Weihe, dafür mit vielen Anzeichen einer höheren, wenn auch nicht akademischen Bildung. Der darauf folgenden Ablehnung in Familie und Dorf begegnete er mit Geduld, engagierte sich bald als Gemeindevorsteher, gründete eine Schule und einen Kirchenchor. Er beherrschte eine Vielzahl von Instrumenten, einschließlich der Orgel, komponierte, konnte Latein, besaß eine bemerkenswerte Bibliothek und war als Heilkundiger für Mensch und Vieh im Tal bald unentbehrlich.

Der Müllner-Peter von Sachrang ist im Chiemgau und darüber hinaus zu einem Mythos geworden. Seine Notensammlung hütet heute die Bayerische Staatsbibliothek, wobei seine Werke regelmäßig aufgeführt werden. Als Rarität der Volksmedizin gilt sein umfangreiches Rezeptbuch, es erschien 2006 sogar als Neuauflage. Müllner-Peter-Bücher, eine Roman-Biografie und CDs mit seiner Musik verkaufen sich gut, ein Fernsehfilm des BR über ihn und seine Zeit wird regelmäßig wiederholt.

Besuchen kann man ihn auch: In Sachrang gibt es ein liebevoll eingerichtetes Museum, und die Ölbergkapelle, einen Kilometer Richtung Tirol gelegen, ist auch mit seinem Namen verbunden. Im 16. Jahrhundert entstand dort aus einer Klause die vor allem bei den Tirolern beliebte Wallfahrtskapelle. Als sie zu verfallen drohte, sorgte der Müllner-Peter, ungeweiht aber hilfsbereit, für ihren soliden Wiederaufbau.

🕮 Am dritten Sonntag im September treffen sich jedes Jahr Tausende Bayern und Tiroler in einer trachtlerischen Grenz-Wallfahrt an der Ölbergkapelle.

AUF DEM WALDWEG BITTE IMMER DAS GATTER SCHLIESSEN,
IN DER NÄHE WEIDEN RINDER, KEINE WEISSEN EINHÖRNER!

KRAFTORT FÜR WANDERER UND TOLKIEN-FANS

Priental – Schoßrinn

Solche Szenerien kennen wir sonst nur aus Tolkiens Mittelerde oder von Fantasy-Illustrationen: Von hoch oben, quasi aus dem Nichts, schwebt ein schmaler Wasserfall herab, schleierartig und leicht pulsierend. Feuchte Kühle, grün gefiltertes Sonnenlicht, dazu ein Rauschen, das sanft narkotisiert. Jetzt müsste man Zeit haben, mehr als nur für ein paar Fotos!

Die Schoßrinn nennen die Chiemgauer den Platz, und zu seinem seltsamen Namen gibt es verschiedene Deutungen: ein Wasserfall, der erst herunter*schießt* und dann davon*rinnt* aus seinem natürlich geschliffenen Becken hinaus ins Freie. Das klingt annehmbar bodenständig. Esoterisch Veranlagte bringen den Schoß ins Spiel, als Symbol stetig spendenden Gebärens. Wie auch immer, dieses sehenswerte Naturphänomen, etwas abseits in der Mitte des Prientals gelegen, ist bei Chiemgau-Kennern kein wirklicher Geheimtipp mehr, aber auch noch kein Rummelplatz. Manche nutzen ihn als Kraftort, andere als Möglichkeit der Entspannung, die über den Tag hinaus halten soll. Es braucht wenig Fantasie, um genau hier den keltischen Druiden zu sehen, wie er im Regenbogen steht und die Götter anruft, neben sich das weiße Einhorn.

Die fast senkrechte bewachsene Felswand hinter dem Fall hat nichts Überwältigendes, sondern eher eine beruhigende Ausstrahlung. Einladend ist die grüne Gumpe, ein Naturbecken für die müden Füße der Wanderer, die den schönen Weg von Aschau nach Sachrang nehmen. Nach einer Stunde ist der Abzweig zum Wasserfall nicht zu verfehlen. Wer mit dem Auto auf der Staatsstraße 2093 unterwegs ist, fährt bis zum Café *s'Hoamatl*. Der beschilderte Weg geht zunächst über die Prien, dann auf einem Wiesenpfad in den Bergwald, wo die Schoßrinn uns schon entgegenkommt. Am schönsten ist ein Besuch im Mai, bei Schmelzwasser, blühenden Wiesen und dem frischen Grün des Waldes.

🖋 Zur Schoßrinn sollte man wirklich besser zu Fuß gehen, auch wenn es vielleicht etwas länger dauert. In Mittelerde fuhren schließlich auch keine Autos.

Wer heute noch richtige Bücher verkaufen will, solche mit Papierseiten zwischen zwei Deckeln, das auch noch mit Vergnügen und um davon leben zu können, der muss in die Provinz ziehen. Dort haben sich in den letzten Jahren immer mehr städtische Bildungsbürger angesiedelt, die es gewohnt sind, eine Buchhandlung in der Nähe zu haben. Was wiederum ein paar mutige Einzelkämpfer der Branche, meist weiblich, kontaktfreudig und voller Engagement, bewogen hat, diesen gewohnheitsmäßigen Lesern auf den Fersen zu bleiben.

Wer sich dabei für den Chiemgau entschieden hat, bekam gleich eine doppelte Chance. Denn hier traf sie (oder er) auf grundsätzlich lesefreudige »Eingeborene«, die schon lange vor *Shades of Grey* das Lesen entdeckt haben. Heide Taube kann das bestätigen, sie verließ vor vier Jahren Rosenheim und übernahm kurz entschlossen die 100 Quadratmeter *Buch & Café* in Aschau. »Hier gibt es Leute, die wirklich noch lesen«, sagt sie voll Begeisterung, »auch wenn es ein wenig gedauert hat, bis sie alle kamen.«

Heute trifft sich auf den roten Sofas bei Fair-Trade-Kaffee alles, was in Aschau und Umgebung auf der Suche ist nach Anregung und Austausch, oder einfach nur auf einen Ratsch. Lesen und Genießen ist das Motto bei *Buch & Café*, im Hintergrund spielen die *Cubaboarischen* vom Band, die Kaffeemaschine arbeitet fleißig, eine bekannte Erfolgsautorin aus Prien verabredet gerade den Termin für eine Lesung, und nebenan diskutieren ein paar Aschauer über Sinn und Zweck der letzten Tourismus-Aktion, die bunten Bankerln, die dauernd im Fernsehen waren.

Die freundliche Heide hat für alle ein offenes Ohr, auch wenn sie zwischendurch diskret auf die Uhr schaut. Um drei beginnt nämlich für die Viertklässler der Vorlese-Nachmittag, mit richtig geschulten Vorleserinnen. Auch der Lesernachwuchs will bei Laune gehalten werden.

☞ Mein Tipp für Genießer: mit einem neuen Buch im alten Moorbad einen Liegestuhl nehmen, mit Blick auf die Burg. Heide Taube erklärt gerne den Weg dorthin.

DIE RUINE DES WEIZENREITHERHOFS. IN FRASDORF DEM ABZWEIG
ZUM GASTHAUS SAGBERG FOLGEN. AUF HALBER HÖHE RECHTS IN
EINEN FELDWEG ABBIEGEN.

DIE WASSERTRINKERIN UND DER GUTE KAFFEE

Frasdorf – Rupertus-Quelle

Zur Mitte des 19. Jahrhunderts, als die Volksfrömmigkeit in Bayern in neuer Blüte stand, lebte in Frasdorf das Furtner Mädei, Marie Furtner mit bürgerlichem Namen. Zusammen mit fünf Geschwistern wurde sie groß auf dem Weizenreitherhof, nach Süden rund 100 Meter über dem Ort gelegen, inmitten eines großen Obstgartens. Vom Hof ist nur noch eine Ruine zu sehen, die nach Erbstreitigkeiten über die Jahre zugewachsen und verfallen ist.

Das Furtner Mädei wird heute noch von vielen Menschen besucht, selbst wenn sie als fromme Wanderer vorher an einer 1990 geweihten, etwas protzigen Mariengrotte Halt machen. Dort sprudelt nämlich eine Quelle, deren Wasser Heilkräfte nachgesagt werden.

Just diesem Wasser verdankte das Furtner Mädei eine bis nach München reichende Berühmtheit. Es wurde im Chiemgau erzählt, dass nach der glücklichen Genesung von den schwarzen Blattern das Mädei keine Nahrung, sondern nur noch geweihte Hostien und das Wasser jener Quelle zu sich nahm, die seinerzeit noch direkt am Hof zu Tage trat. Professoren in München prüften die junge Bäuerin streng und unter Isolation, eine Erklärung fanden sie jedoch nicht. Die Furtner Marie soll bis zu ihrem Tod 1884 bei dieser kargen Nahrung geblieben sein.

Über die »Wassertrinkerin von Frasdorf« ist seitdem viel geschrieben worden. Skeptiker lassen den frommen Teil der Geschichte weg und nutzen nur noch das Frasdorfer Wasser. Weniger zu Heilzwecken, eher als Grundlage für einen besonders guten Kaffee. Dazu müssen sie nicht einmal den steilen Weg zur Rupertus-Quelle pilgern. In einem Seitental, rechts, bevor die Straße zum Sagberg beginnt, geben Frasdorfer Nachbarn das Wasser gegen einen Obolus in Kanistern ab. Auch wenn ihre Quelle weit unterhalb der Grotte liegt. Der Glaube versetzt eben auch Quellen, aber das mit der Kaffee-Qualität kann ich bestätigen.

✍ Über die »Wassertrinkerin von Frasdorf« gibt es ein gleichnamiges kleines Buch vom Frasdorfer Wastl Fanderl, dem bekannten Volksmusiksammler.

SCHLOSSWIRTSCHAFT WILDENWART /// LUDWIGSTRASSE 8 ///
83112 FRASDORF /// 0 80 51 / 27 56 ///
WWW.SCHLOSSWIRTSCHAFT-WILDENWART.DE ///

Wer in Wildenwart die Schlosswirtschaft besucht und den Sommernachmittag frei hat, der sollte ein Stück die steile Straße hinab ins Priental gehen. Nach 100 Metern zweigt ein schmaler Pfad rechts ab in den Hang, der sich stolz als Herzogsweg ausweist. Genau hier haben die bayerischen Herzöge auf Schloss Wildenwart schon immer ihren Spazierweg Richtung Aschau begonnen. Die adligen Wanderer schätzten die wunderschönen Ausblicke steil nach unten auf die grüne Prien. Auf dem schmalen Pfad kommt zum Glück selten jemand entgegen, das Ausweichen könnte für nicht Schwindelfreie schon mal spannend werden. Der Fluss gerät vorübergehend außer Sicht, der Blick von oben öffnet sich über die Baumwipfel Richtung Chiemgauer Berge, und an der richtigen Stelle steht dann auch eine Bank.

Nach gut einem Kilometer durch den Hochwald treffen wir auf einen Forstweg, der wieder Richtung Prien führt. Nur noch einen halben Kilometer nach Süden, und schon locken die einsamen Kiesbänke am Fluss. Kein Laut, nur das Wasser und der Wind im steilen Waldufer gegenüber. Der Fluss macht enge Kurven, das Wasser ist kalt und glasklar bis auf den Grund. Für eine spontane Erfrischung genau richtig! Sich ein paar Minuten der kräftigen Strömung entgegenstemmen und Körper und Geist sind wieder fit für den Rest des Tages.

Nur nicht gleich wieder auf den Weg machen, sich auf der moosigen Stufe zur Kiesbank niederzulassen macht mehr Sinn. Einfach dem gleichmäßigen Fließen durch Licht und Schatten zuschauen, das bringt auch dem größten Hektiker reine Gelassenheit. Wenn Sie Glück haben, fischt gerade ein Eisvogel, häufiger leisten Libellen Gesellschaft. Ob Sie dann später den Weg zurück nach Wildenwart nehmen oder wie die Herzöge weiter über Frasdorf nach Aschau wandern, nach solch friedlichen Momenten ist das fast ohne Bedeutung.

✍ Die Reihenfolge einzuhalten, lohnt: erst die sehr gute Schlosswirtschaft, dann den Herzogsweg. Groß, Hut, grüne Gummistiefel? Das könnte Herzog Max sein.

VOM INN ZUR ALZ

AN DER AUSSICHTSKAPELLE IN GRAINBACH FEHLEN NUR NOCH EIN PAAR SCHRITTE, UND DER GANZE WESTLICHE CHIEMGAU LIEGT VOR UNS.

CHIEMGAUER SCHAUEN GERN ÜBERS WASSER

Vom Inn zur Alz

Der Inn wird in der Literatur gerne als eindeutige Westgrenze des Chiemgaus genannt. Rein geografisch gesehen mag das ja so stimmen, aber wie schaut es emotional aus? Der Chiemgauer hat ein gastfreundliches Gemüt, deswegen sind ihm eindeutige Abgrenzungen eher zuwider. Helmut Zebhauser, ein großer Chiemgaukenner, sät Zweifel mit dem skurrilen Satz, den er mal Stammtisch-Historikern in Tittmoning abgelauscht hat: »Die Leut' aus dem Norikum schaun nicht gerne übers Wasser (damit war der Inn gemeint) zu den Schwaben, die da drüb'n ihr bappats (klebriges) Bier saufen.« Aber das Zitat spielt eher auf uralte Zeiten an. Der Inn trennte nämlich vor Jahrtausenden die römischen Provinzen Norikum im Osten und Raetien im Westen, drum müssen wir ihn als Grenze heute nicht mehr ganz so ernst nehmen.

Zwischen dem Inn und Schwaben liegt bekanntlich noch viel Oberbayern, mit viel süffigem Bier. Deshalb schauen wir heute gerne übers Wasser, zum Beispiel vom Samerberg aus, einem Chiemgau-Aussichtsbalkon nach Norden und auch nach Westen Richtung Rosenheim.

Rosenheim ist wegen seiner Lebendigkeit unbedingt einen Besuch wert. Das Stadtbild im historischen Zentrum wird geprägt durch die Inn-Salzach-Bauweise, reizvoll durch Fassaden und Laubengänge, wie sie von Hallein bis Passau bekannt sind. Für das moderne Flair und die kulturelle Aufgeschlossenheit sind Fachhochschule und Holztechnikum mit verantwortlich, denn deren Studenten kommen aus aller Welt. Wer bayerische Tradition sucht und wem das Oktoberfest zu schrill ist, der sollte einfach vier Wochen vorher das Rosenheimer Herbstfest besuchen. Die Legende sagt, dass zu der Zeit immer schönstes Herbstwetter herrscht.

Nur noch Legende ist die Innschifffahrt, die viele Jahrhunderte lang Rosenheims Bedeutung als Schiffbauer- und Handelsplatz ausgemacht hat. Straßennamen wie Innlände oder Weinlände erinnern noch an diese Zeit. Mit dem Einzug der Eisenbahn in den Chiemgau war es vorbei mit der Innschifffahrt – und Rosenheim wurde wichtiger Eisenbahnknotenpunkt. Neubeuern, der romantische Markt inn-aufwärts am Ostufer, pflegt noch heute seine Tradition als Schopper- oder Schiffsbauplatz. Bis 1989 baute dort der »letzte Schopper« Michael Schmidl Innplätten nach altem Muster.

Der schon erwähnte Samerberg hatte übrigens auch mit der Schifffahrt zu tun. Auf dem Hochplateau am Nordhang der Hochries wurden lange Zeit die für Schiffszüge unentbehrlichen Zugpferde ge-züchtet, zähe Kaltblüter, den Haflingern nicht unähnlich und sehr ro-bust. Heute ist der Samerberg für die Rosenheimer – sie betonen ihn auf der letzten Silbe – eine beliebte Ausflugs- und Wandergegend. Bei der Aussichtskapelle nahe Grainbach treffen sich an Sommeraben-den die Liebhaber von Sonnenuntergängen. An klaren Tagen kann man den Lauf des Inns bis Wasserburg verfolgen, und der verträumte Simssee wirkt von hier oben wie ein nach Oberbayern verpflanzter einsamer Fjord. Die vielen Kirchtürme, Weiler und grünen Hügel bis zum Horizont sind das Abbild einer typisch bayerischen Bauernge-gend. An den Hängen des östlichen Innufers soll noch vor 150 Jahren Hopfen angebaut worden sein.

Bei guter Sicht kann man Richtung Norden am Innhochufer bei Vogtareuth den Flugplatz der Rosenheimer Hagelflieger sehen. Im Chiemgau und darüber hinaus bekannt, steigen die beiden Propeller-maschinen immer dann auf, wenn sich gefährliche Gewitterfronten von Westen nähern. Die Piloten mit Spezialausbildung impfen die Wolken mit Silberjodid, was ein gefahrloses Abregnen bewirkt. Die Technik dafür ist eine Rosenheimer Entwicklung. Für ihren Einsatz müssen sie mitten hinein ins Gewitter, so sind die Hagelflieger bei den Chiemgauern schon längst zu Helden geworden. Skeptisch ge-sehen wird die Methode nur bei den Preußen, wo sonst.

FASSADENMALEREI AM WIRTSHAUS ZUM STANGENREITER

SCHIFFSMUSEUM NEUBEUERN /// MARKTPLATZ 4, 1. STOCK ///
83115 NEUBEUERN /// 0 80 35 / 21 65 (TOURIST-INFO) ///
WWW.KULTURDORF-NEUBEUERN.DE ///

Bis in die 50er-Jahre wusste jeder in Neubeuern am Inn, was und wo die Schopper waren. Als Schiffbauer waren sie Künstler ihres Fachs, gerade die Neubeurer Plätten waren sehr begehrt, und ihre Erbauer genossen deshalb besondere Privilegien wie die Befreiung vom Militärdienst. So berichtet Rupert Stuffer, Buchautor und Mitglied der Neubeurer Schiffleutbruderschaft von 1622. Zu diesem stolzen Verein gehörte auch Michael Schmidl, der letzte Schopper am Inn, der noch Ende der 70er für die Flussbauämter an Inn und Donau kleinere Schiffe nach der alten Art gebaut hat.

Genau betrachtet waren die Plätten, Zillen und Mutzen früher oft »Einwegschiffe«. Am Zielort, irgendwo donauabwärts, hatten sie ihren Zweck als Transportgerät erfüllt und wurden als Bauholz verkauft. Es sei denn, es konnte eine Fracht für flussaufwärts gefunden werden. Flussabwärts dagegen ging 1949 die Überführung einer der letzten Plätten nach Rosenheim. Der regulierte Inn hatte gerade Sommerhochwasser, und ein entwurzelter Baum war schuld, dass die Plätte an einem Pfeiler der Autobahnbrücke zerbrach. Sechs Passagiere ertranken, Michael Schmidl kam schwimmend ans Ufer. Dergleichen passierte früher auf dem noch wilden Inn häufig, Votivbilder in den Kirchen erzählen davon.

Der Markt Neubeuern, 30 Meter über dem Inn und gekrönt von einem Schloss aus dem 12. Jahrhundert, pflegt seine stolze Schiffleut-Tradition zu Recht. Die Bruderschaft hat einen Schiffleut-Wanderweg eingerichtet, der in Etappen durch die Vergangenheit führt. Außerdem gibt es ein kleines Museum, und die großzügige Malerei auf manchen historischen Fassaden zeigt, dass hier lange Zeit die Innschifffahrt das Leben geprägt hat. Bei Festen auf dem Marktplatz können die Neubeurer ihre Geschicklichkeit beim »Plätten versenken« beweisen, einer Gaudi, bei der sie höchstens von innen nass werden.

✍ Station 11 des Wanderweges: Hier wurden Mühlsteine aus Sandstein gebrochen, die dann auf Innschiffen abtransportiert wurden. Geologisches Highlight!

»Letztens war eine Gruppe von Fachleuten aus Amsterdam da, die ham' g'meint, das wäre das schönste Schifffahrtsmuseum in Europa!«, sagt der ältere Herr, der den Einlass macht. Die Holländer verstehen etwas von Schifffahrt, zu Übertreibungen neigen sie eigentlich auch nicht; nach einer Stunde im Museum teile ich ihre Meinung.

Vorplatz und Gebäude strahlen starke Authentizität aus. Hier steht seit rund 450 Jahren der *Churfürstliche Bruckbaustadl*, früher zuständig für die vom Hochwasser immer wieder zerstörte Brücke am Rosenheimer Innübergang. Nach der Flussregulierung ab 1938 wurde der imposante Bau zum *Flussmeister- oder Flussbaustadl*. Die Schifffahrt auf dem Inn, der er seit 1984 als Museum dient, war zu diesem Zeitpunkt schon seit Jahrzehnten verschwunden. Wie prägend sie für die Menschen war und welches Kulturgut sie über Jahrhunderte darstellte, wird auf dem historischen Boden an der Rosenheimer Innbrücke dem Besucher rasch deutlich.

Der Inn, der aus dem Engadin kommt, war bis zu seiner Zähmung durch Kraftwerke ein breiter, wilder Gebirgsfluss mit unberechenbaren Eigenheiten. Als Verkehrsweg nutzten ihn seine Anwohner trotzdem mit viel Fantasie und Energie. Manche eigenständigen Gewerbe und Handwerkszweige entstanden so an seinen Ufern. Die Innschiffe waren unverwechselbar, die Bewegung der Schiffszüge mit den Rössern aus spezieller Zucht ebenso. Die Schiffsmeister in Tirol und Bayern – die Holländer würden sie Reeder nennen – waren angesehene Handelsherren, die ihren Fürsten wertvolle Dienste leisteten.

Die gefahrvollen Reisen führten sie bis nach Wien, ihre Sprache und Begriffswelt war eine ganz eigene. Die »Schiffleut« waren als trinkfest und selbstbewusst bekannt, das Kommando »Nahui in Gott's Nam'!« zum Ablegen nach dem frühen Morgengebet klingt aber so, als ob es ganz ohne Gottvertrauen doch nicht ging.

⚓ Früher arbeiteten an der Innlände Schopper und Schiffbauer. Heute stellt hier Toni Prijon moderne Kajaks her, die sich nicht nur auf dem Inn bewähren.

CHIEMGAU-WELLNESS
DER TRADITIONELLEN ART

Söllhuben – Beim Hirzinger

Diese Entdeckung ist Jahrzehnte her. Nach einem langen Badetag in Pietzing am Simssee, vollgetankt mit Sonne, hatten wir noch keine Lust auf den Heimweg und machten lieber noch einen Schlenker durch den Chiemgau. Das Straßenschild zeigte bergauf nach Söllhuben und da war er, direkt gegenüber der Kirche, ein Biergarten, unscheinbar, aber einladend, herrlich schattig, Kies und Kastanien, die Bedienung so echt, dass wir damals noch genau hinhören mussten. Im Hintergrund rumpelte eine hölzerne Kegelbahn.

Von dem Tag an wurde der Hirzinger unser Ziel, wenn Alltag und Stress Entspannung einforderten. Seine besondere Chiemgau-Wellness wirkt bis heute zuverlässig. Dazu gehört: das spezielle Weißbier aus der Bügelflasche (schon das Geräusch macht glücklich), dann die stimmige bayerische Wirtshausküche und, wenn es wegen Wetter mal drinnen sein muss, auch die über 100 Jahre alte Wirtsstube mit den engen Bänken. Irgendwie waren die Leute früher kleiner gewachsen.

Unser Platz im Biergarten: auf halber Höhe am Zaun, mit Blick in den Küchenbetrieb und mit voller Sicht auf den Garteneingang am Hauseck. Denn hier muss das Publikum auf jeden Fall durch.

Für die Söllhubener ist der altehrwürdige Hirzinger, erstmals erwähnt 1477, ganz einfach nur ihr Dorfbräu. Bei allen anderen Gästen, einschließlich der zugereisten Trachtenanzüge, bewirkt seine spürbare, aber nicht aufpolierte Tradition eine Art von latentem Respekt. Altbayern sitzt beim Hirzinger unsichtbar mit am Tisch, die schicken Gäste des Hotels und auch die TV-Präsenz ändern daran nichts. Aus dem Hirzinger-Stadl überträgt nämlich das Bayerische Fernsehen seit 2007 die *Wirtshausmusikanten*, ein Treffen von Musikgruppen aller bayerischen und alpinen Stilrichtungen und Regionen. Das Gegenteil vom Musikantenstadl, denn die Chiemgauer schunkeln nicht!

✍ Ein Besuch der spätbarocken Pfarrkirche St. Rupert gegenüber lohnt sich, 924 erstmals erwähnt, umgebaut von Johann Michael Fischer 1763 – 1767.

Es gibt Dinge, für die sollte man extra neue Begriffe erfinden. In Riedering, nahe dem Simssee, spielt die Familie Ringsgwandl Theater. Das tun viele im Chiemgau, aber nicht so wie die *Himmegugga*. So heißt das Theaterstück, das zugleich Synonym wurde für eine ganze Truppe und für ihr professionell provisorisches Theaterzelt.

Geschrieben hat das Stück Elfriede Ringsgwandl, sie führt Regie, und sie spielt mit in der Geschichte vom Himmelgucker, dem Sonderling und Sinnsucher, der durchs Dach seiner seltsamen Werkstatt mit skurrilen Instrumenten nach Wesen von anderen Sternen sucht. In bisher über 1.000 Aufführungen, das ist weit mehr als nur Volkstheater!

2011 zogen die *Himmegugga* um, mit einem neuen Stück in ein neues, großes Zelt. Hier wird, neben dem Klassiker, auf großer Bühne das *Gsindlkind* gegeben. Die Chefin war auch hier die Autorin, und wie immer hat sie alles in der Hand. Hinreißend ihre Publikumsbegrüßung, allein vor dem riesigen Vorhang, hinter dem ein Bauernhof auftaucht, wie er echter nicht denkbar ist. Einschließlich zweier Hoftore, durch die 40 Akteure rein und raus eilen, hupend mit Autos durchpreschen oder sich nachts einschleichen.

In der Geschichte vom hartherzigen Bauern, vom im Hof ausgesetzten Findelkind zweifelhafter Herkunft, vom verlorenen und wieder heimgekehrten Sohn spielen alle vier Kinder der Elfriede mit. Außerdem viele Gäste, darunter Profischauspieler neben Scharen von großartigen Laiendarstellern. Fernsehangebote hat die Elfriede bisher abgelehnt, sie hätte die Regie abgeben müssen.

Und der extra neue Begriff? Das Publikum aus ganz Bayern geht im Zelt durchs Hoftor zu seinen Plätzen, direkt über den Hof vom Gsindlkind, immer auf dem Original-Hofschotter. Die in der ersten Reihe haben ihre Haxen sowieso auf dem Hof – warum also nicht Chiemgauer Hoftheater? Die Qualität rechtfertigt jeden Doppelsinn.

✎ Beim Himmegugga sitzen in den ersten Reihen seit Jahren die Kinder von fünf bis hinauf ins Facebookalter – und sind begeistert.

In einem kühlen Grunde – genauer gesagt im Tal des Fellbach – da geht ein Mühlenrad, seit dem Jahr 930, zu finden zwei Kilometer östlich vom Simssee. Abgelegen, still, grün und nicht ganz so kühl wie bei Eichendorff. Denn hier geht's warmherzig zu, in der Naturkostmühle der Familie Wagenstaller.

Eine Müllerfamilie sind sie seit 1765, der Großvater der jetzigen Müllerin übernahm die Mühle 1927. Heute ist diese ein weithin bekannter Naturkostanbieter. Nicht nur weil hier 1980 der erste Bioladen im Landkreis aufmachte, sondern auch weil sich die Wagenstaller Annelie ihre Eigenständigkeit bewahrt hat, obwohl sie auch Ware von vielen Bioverbänden führt. Frischware sucht man bei ihr jedoch vergeblich, denn ihr zentrales Thema sind Mehl und Brot. Davon versteht sie etwas, die ehemals jüngste Müllermeisterin Deutschlands, und in ihrer Mühle wird nach wie vor Getreide gemahlen.

Aus ihrem Laden möchte man so schnell gar nicht wieder raus, es riecht gut und immer ist gerade so viel Betrieb, dass es nebenher für einen Ratsch reicht. Prominent ist sie auch, die Annelie. Als Autorin und Verlegerin erfolgreicher Brotbücher sieht man sie auf der Buchmesse, auf Lesereisen oder in Talkshows, aber am wohlsten fühlt sie sich in ihrer Mühle. Die moderne Welt hat dort nur bedingten Einfluss. Zwar gibt es einen Internetshop, aber gleichzeitig ein richtig schönes Funkloch, »damit wir unsere Ruhe haben und offen für Ideen bleiben«. Annelies Brotbackkurse sind regelmäßig ausgebucht, und die Gestaltung ihrer Bücher ist beispielhaft.

Die farbige Stuckatur an der Hausfront stammt übrigens vom berühmten Denkmalpfleger Rudolf Esterer. »Meine Oma hat 1946 ein paar Gänse geschlachtet, dafür hat er dann unser Haus verschönert.« Tradition und Kreativität sind bei den Wagenstallers offenbar schon immer eine besondere Verbindung eingegangen.

☞ Die Brotbackkurse bei der Annelie sind mit vier Stunden Dauer auch für Urlauber leicht machbar. Jedes Brot aus dem Laden hat es danach schwer.

ZWEIMAL SPERRSITZ BITTE!

Bad Endorf – Marias Kino

Der Sperrsitz, letzte Reihe ganz hinten, bot gewisse Sicherheiten, wenn es dunkel wurde im Kino. Als Begriff ist er heute ausgestorben, an der Kasse von Marias Kino gehört er aber noch dazu. So wie die beiden gebrauchten 35mm-Projektoren aus den 40er-Jahren, die Maria Stadler installiert hat, als sie 1953 in Bad Endorf sesshaft wurde. Mit einer der ersten Lizenzen war sie vorher ein paar Jahre mit dem Wanderkino unterwegs gewesen und überstand später als Einzelkämpferin alle Filmtheaterkrisen. Nach ihrem Tod 1994 übertrug sich ihr Enthusiasmus auf eine Gruppe junger Leute, ein Verein wurde gegründet, und das Kleinstadtkino war gerettet

Heute steht eine GmbH dahinter. Ihr Geschäftsführer Jürgen Bach schwärmt von seinen »Kinoten«, das sind 30 meist junge Leute, die die Arbeit machen, und zwar alles ehrenamtlich! Deshalb ist Marias Kino bei Cineasten im Chiemgau Kult. Auch wegen des guten, alternativen Programms, versteht sich. Im nostalgisch bestuhlten Saal mit 240 Plätzen und Musikbühne werden überwiegend deutsche und europäische Produktionen gezeigt, und wenn etwas aus den USA, dann von Independents. Das Kinderprogramm ist sehr beliebt, es treten regelmäßig Bands auf, Opernfilm-Matinees am Sonntag sind gut besucht. Ob sich jedoch die Live-Übertragungen aus Bayreuth wiederholen, muss noch basisdemokratisch unter den Kinoten entschieden werden – die erste stand 2013 auf dem Programm

Im ersten Stock, wo die Maria gewohnt hat, stehen neben einem roten Sofa und einer Oscar-Imitation moderne digitale Projektoren. Die analogen Oldtimer kommen bei besonderen Gelegenheiten auch noch zum Einsatz. Die Verleihe fördern »Maria« gerne, und den Bayerischen Filmtheaterpreis bekommt sie, wie zu Lebzeiten, nahezu jedes Jahr. Das Stammpublikum mit jährlich 20.000 Besuchern bietet Sicherheit wie auf dem Sperrsitz. Kinokrise? Nicht bei Maria!

🎬 Wer Opern lieber live mag: Nur wenige Kilometer entfernt gibt es auf Gut Imling ein jährliches Opern-Festival. 0 80 55 / 9 03 40, www.gut-immling.de

DIE SEENPLATTE LIEGT ZWISCHEN BAD ENDORF UND EGGSTÄTT.
DIE DORTIGE TOURIST-INFO BIETET GUTE WANDERKARTEN AN. ///
TOURIST-INFO EGGSTÄTT /// OBINGER STRASSE 7 ///
83125 EGGSTÄTT /// 0 80 56 / 90 46 19 /// WWW.EGGSTAETT.DE ///

Seenplatte ist ein arg flaches Wort. Es passt eher nach Mecklenburg als in dieses verwunschene Waldgebiet, in dem hinter Wegbiegungen und Hügeln immer wieder grüne Wasserflächen durch die Bäume blitzen und Brücken über Wasserläufe voller Seerosen führen. Zehn Seen formen diese einzigartige Wald- und Wasserlandschaft – es können auch elf oder mehr sein, wenn man die kleinen, versteckten Tümpel mitzählt. Sie ist ein Geschenk der letzten Eiszeit und heute Naturschutzgebiet.

Beim ersten Ausflug bieten die Wege mit vielen verwirrenden Kurven ein Auf und Ab, das uns vergessenes Pfadfinderwissen abverlangt, zum Beispiel über Himmelsrichtungen. Doch mit jedem Mal werden wir sicherer und finden über Holzwege, Trampelpfade oder Wildwechsel neue einsame Uferstellen, die ohne Umweltfrevel erreichbar sind. Sich hier für einige Zeit vorsichtig niederlassen, ein paar Fotos machen, Falter und Libellen beobachten oder einfach den Wolken nachschauen, das kommt dem Himmel auf Erden ganz nah. Ausgewiesene Badestellen gibt es übrigens auch.

Dieses Paradies hatte bereits vor 100 Jahren der Maler Leo Putz für sich entdeckt, viele Jahre verbrachte er den Sommer hier beim Malen im Freien. Seine Utensilien durfte er im Schloss Hartmannsberg unterstellen, wo sich bald ein kleiner internationaler Künstlerkreis traf. Heute sind die Seen ein Eldorado für Naturfotografen.

Ausgerechnet hier sollten 2012 Versuchsbohrungen auf der Suche nach Erdgas stattfinden. Die Chiemgauer packten ihren bekannten Widerspruchsgeist aus und nichts wurde es mit der modernen Schatzsuche. Die E.ON und ihr Partner aus Österreich durften ihre Geräte wieder einpacken.

Eine besonders freundliche Seite haben diese paar Quadratkilometer unverdorbener Natur, und das ist ihre Überschaubarkeit. Ein spontaner Ausflug ist immer möglich und zu jeder Jahreszeit ein Erlebnis.

✍ Zum Ausklang des Tages: ein Besuch im Wirtshaus *Zur schönen Aussicht* in Höslwang. Mit einem Breitwand-Bergblick, besser als jede Weißbierwerbung.

HUBBI BEIM BEGRÜSSUNGSRATSCH AM TRESEN.

HUBERT SCHLEMER /// LEDERERBERG 5 ///
83093 BAD ENDORF (HEMHOF) /// 0 80 53 / 18 19 /// WWW.HUBBI.NET ///

DEN HUBBI GIBT'S SCHON EWIG

Hemhof – Hubbis Kneipe

»Hat's da bei euch schon mal gebrannt?«, fragt die blonde Sängerin namens Wuidlmaya. Ihr Blick geht zur schwarzen Decke, zum Verhau aus Kabeln, Scheinwerfern, schwebenden Steckdosen und alter Faschingsdeko. Wenn das nicht ihr erster Auftritt beim Hubbi wäre, müsste sie es wissen, dass diese Kneipe und Kleinkunstbühne so etwas wie das ewige Leben hat. Auch als hier noch nach Kräften geraucht wurde, in den wilden Nächten der 80er, als die Chiemgau-Jugend sich jeden Donnerstag in der finstersten Kneipe im Landkreis traf, nein, gebrannt hat's hier nie, höchstens gezündet, was ein paar Karrieren angeht. Ich sage nur: Michael Mittermeier, ein paar andere gäbe es auch noch zu nennen.

Die Legenden um den Hubbi, Jahrgang 1957, sind zahllos. Als er vor 30 Jahren mit Freunden aus Prien den gammeligen Kramerwirt im abgelegenen Hemhof pachtete, waren er und die Zeit voller Übermut und Ideen. Es dauerte nicht lange, und beim Hubbi trafen sich alle Rocker, Hippies und Kreativen. Für Klaustrophobe war es kein guter Platz, denn Überfüllung war der Normalzustand. Hubert Schlemer, der Hubbi, ist auch heute noch das Zentrum der Kneipe und ihres Programms, er ist Autor, Sänger, Maler, Schauspieler, Wirt und mit den Jahren auch ein wenig Philosoph geworden. Sein Musiktheater *Herr der Räusche* ist ein tragikomischer Klassiker des alternativen Volkstheaters.

Kaas-Semmel und Bier stehen vor mir auf dem Eichentisch, der noch vom Kramerwirt stammt, das Lokal füllt sich, und ich frage so in die Runde: »Wie lang gibt's den Hubbi eigentlich schon?« »Den Hubbi? Den gibt's schon ewig!«, sagt die Nachbarin und das trifft's genau. Die Wuidlmaya hat sich inzwischen beruhigt, »wird schon gutgehen, also pack mas!« Ihre Begleitung greift einen satten Akkord auf seiner Akustischen, und der Abend mit fetzigem Alpin-Rock-Poesie-Kabarett nimmt seinen Lauf.

✍ Wer im Sommer abends zum Hubbi geht und vorher Zeit hat: Drei Kilometer nördlich liegt das gemütliche Strandbad am Pelhamer See, so wird der Tag rund.

HILGERHOF /// NIEDERBRUNN 12 /// 83132 PITTENHART ///
0 86 24 / 21 43 /// WWW.HILGERHOF.DE ///

»Suche altes Bauernhaus, zahle bar.« So und ähnlich hatten seine vielen Anzeigen gelautet, auf die jetzt endlich eine vielversprechende Antwort kam. Von Seeon fuhr er drei Kilometer nach Oberbrunn, von dort nach Niederbrunn und am Abzweig links nach Eschenau. Schon als Bub hatte er davon geträumt, einmal einen Bauernhof zu besitzen; saukalt war's und einen Meter Schnee hatte es, doch bei dem, was er dann sah, ist ihm gleich warm geworden. Verhandelt haben sie nicht lange, die Bäuerin Maria Hans und der Münchner Tosso Herz, am 1. Februar 1963 war notariell alles perfekt. Der Versicherungsdirektor war somit stolzer Besitzer vom halb verfallenen Hilgerhof im Chiemgau.

Aus dem Bubentraum wurde ein Männertraum, denn jetzt begann das Herrichten und Aufbauen, sprich die Rettung des alten Gemäuers. Der Hilgerhof stammte immerhin aus dem Jahr 1460 und war lange Jahre unbewohnt gewesen. Aber eine schöne alte Substanz war da, dafür hatte er einen Blick. Staunend sahen die Nachbarn, wie der Stadtmensch beim Hilger richtig viel Geld reinsteckte. Sogar einen alten Bundwerkstadl hat er fachgerecht hertransportiert und angebaut. Der ursprüngliche Dreiseithof sollte irgendwann wieder hier stehen, so wie früher.

So wie früher wollte er leben auf dem Hilgerhof, und er hat es sichtlich genossen. Über die Jahre trug der volkskundlich versierte Sammler alles an bäuerlichen Altertümern und Hausrat zusammen, was er nur auftreiben konnte. Er hinterließ nach seinem Tod 1975 ein sehenswertes privates »Museum«, in dem sich jeder gleich wohlfühlt.

Das historische Baudenkmal erbte mit allem Inventar der Landkreis Traunstein, der über eine Stiftung den Hilgerhof erhält und pflegt, und ein engagierter Kulturverein betreut ihn als beliebten Treffpunkt für Veranstaltungen und Feste. Der Tosso soll das Feiern auch nicht verachtet haben, sagen die Nachbarn.

⚘ Nehmen Sie das Radl oder Ihre Wanderstiefel und erkunden Sie die Umgebung vom Hilgerhof: eine altbayerische Bauernlandschaft, so unverdorben wie selten!

HOCHBERÜHMT, ABER NAMENLOS
Altar von Rabenden

42

Früher nur ein Dorfkirchlein am Wegesrand, heute fast noch unscheinbarer an der schnurgeraden B 304-Rennstrecke durch das Straßendorf Rabenden, in dem eigentlich niemand anhalten möchte. Und niemand vermutet gerade hier einen berühmten Schnitzaltar aus dem frühen 16. Jahrhundert! Wer's eilig hat, übersieht das Kircherl ohnehin und fährt gleich weiter nach Wasserburg oder rauf nach Altötting. Beide großen Touristenziele locken, nur die Richtung ist jeweils eine andere. Wer sich Zeit nimmt, kann mit dem Meister von Rabenden und seinem spätgotischen Altar eine Entdeckung machen, ganz ohne Touristenrummel.

So namenlos, wie der Meister blieb, so bekannt wurde in Kunstkreisen das kleine Dorf Rabenden. Alle Versuche der Spezialisten, den Altarschnitzer aus dem frühen 16. Jahrhundert als Person zu fixieren, scheiterten bisher. Auch die Hypothese, er habe bei Riemenschneider gelernt, hatte keinen Bestand. Er muss sehr tüchtig gewesen sein, denn Werke aus seiner Hand oder seiner Werkstatt sind im Tiroler Unterinntal, um Rosenheim und im nördlichen Chiemgau zu finden. Wo diese Werkstatt stand, ist ebenfalls völlig unbekannt.

Unbestritten ist seine Meisterschaft. Wenn Sie keine Gelegenheit zur Führung mit direktem Augenschein haben, mit dem Fernglas durch das Gitter geht es auch. Die Details der Marienszenen an den Altarflügeln und der drei Apostel in der Mitte sind es wert, sich Zeit zu lassen. Renaissance-Liebhaber kommen sowieso öfter, sie entdecken immer wieder neue Einzelheiten bei Simon, Jakobus dem Älteren und Judas Thaddäus. Sei es in der Lockenpracht der Heiligen oder bei den Gewändern, deren Falten und Knitter atemberaubend real anmuten.

Draußen auf dem Friedhof von St. Jakobus (am alten Jakobsweg) ist eine liebevoll restaurierte Sammlung schmiedeeiserner Grabkreuze zu bewundern.

🖎 In der nahen Pfarrkirche von Obing sind drei lebensgroße Figuren des Meisters zu sehen. Angeblich Reste eines ehemaligen besonders großen Flügelaltars.

BAUERNHAUSMUSEUM AMERANG /// HOPFGARTEN 2 ///
83123 AMERANG /// 0 80 75 / 91 50 90 /// WWW.BHM-AMERANG.DE ///

DER HÄUSLMANNHOF
REIST UM DEN CHIEMSEE
Amerang – Bauernhausmuseum

43

Was ins Museum kommt, ist entweder ausgestorben oder kurz davor. Für die Chiemgauer Bauern gilt weder das eine noch das andere, doch der Besuch im Bauernhausmuseum Amerang zeigt uns, dass es früher auf ihren Höfen ganz anders ausgeschaut hat als heute. Die Volkskundler und Denkmalpfleger sagen, genau das von früher sollte bewahrt werden. Nicht wegen der Nostalgie, sondern weil gerade Bauernhäuser ein bedeutender Teil unserer Kultur sind. In den letzten Jahrzehnten hatten die Abrissbagger auf dem Land viel zu tun, gerade hier wuchs aber auch das Bewusstsein, dass etwas Wertvolles verloren ging.

Nicht ganz: In Amerang können wir die Vergangenheit fast noch im Original anschauen, anfassen, betreten, beschnuppern und mit etwas Fantasie für kurze Zeit nachleben. Wenn der Häuslmann-Bauer von 1914 heute per Zeitreise in seiner Stube sitzen könnte, würde er aus dem Fenster zwar etwas anderes sehen und über die Lichtschalter staunen, aber bestimmt mit einem »Basst scho!« anerkennend nicken. Sein Hof von 1751 kam als letzter von 17 Höfen, Stadeln, Werkstätten und Mühlen von Aschau aus hierher, nach dreijähriger Arbeit war dann 2007 beim Häuslmann große Wiedereröffnung. In 20 Teile zerlegt hatten Spezialtransporter seinen Hof zuvor um den halben Chiemsee gekarrt.

Ein rühriger Verein hatte 1977 begonnen, für den Chiemgau typische Bauernhäuser hierher zu verpflanzen, heute ist Amerang ein Zweigmuseum des großen Vorbilds Glentleiten bei Murnau. Der Bezirk Oberbayern sprang 1982 als Nothelfer ein, weil das Vorhaben für den Verein allein nicht mehr zu stemmen war. Atmosphärisch spürt man noch, dass der Anfang hier von engagierten Einheimischen gemacht wurde. Das Museum zieht im Sommer zwar viele Touristen an, doch die 50 ausgebuchten Veranstaltungen übers Jahr zeigen, dass gerade die Chiemgauer sich in Amerang zu Hause fühlen.

⚘ Höhepunkte im Ameranger Bauernjahr: März, Ostereierfärben. April, Pflanzentauschbörse. Mai, Mühlentag. September, Volksmusiktag. Oktober, Kirchweihmontag.

KLOSTER SEEON KULTUR- UND BILDUNGSZENTRUM /// KLOSTERWEG 1 /// 83370 SEEON /// 0 86 24 / 89 70 /// WWW.KLOSTER-SEEON.DE ///

MIT DEN KLÖSTERN FING ALLES AN

Kloster Seeon

44

Wo sie genau stand, die kulturelle Wiege des Chiemgaus, darüber kann man streiten. Auf jeden Fall aber in einem Kloster. Zur Auswahl stehen Herrenchiemsee, gegründet um 630, die Abtei auf der Fraueninsel, gegründet 782, und das Kloster Seeon, 994 von den Regensburger Benediktinern bezogen. Mehr als eine zeitliche Rangfolge kann man kaum festmachen, große Bedeutung für den Chiemgau hatten sie schließlich alle drei. Seeon speziell durch seine Schreibschule, in der weltberühmte Handschriften entstanden.

Auch Seeon war bis zur Säkularisation ein echtes Inselkloster. Heute kommen die Besucher des Kultur- und Bildungszentrums im Seeoner See zu ihren Seminaren über eine Holzbrücke oder einen Damm. Manche Tagesbesucher lockt der kleine Friedhof mit der orthodoxen Kapelle. Hier ist das Grab jener »Zarentochter Anastasia« zu bestaunen, deren Urne in Wirklichkeit die Asche einer gewissen Anna Anderson enthält.

Echte Prominenz war in Seeon aber auch zu Hause. Das Kloster im Land der Wittelsbacher gehörte kirchenrechtlich zum Erzbistum Salzburg. Von dort stammten einige der Patres, und so kam es rasch zu Kontakten mit der Familie Mozart. Zwei für Seeon komponierte Mozart-Offertorien stammen aus dieser Zeit, und auf der Orgel der Klosterkirche hat der Meister selber musiziert. Ein Wort zur Kirche: Sehenswert sind die Renaissancefresken und die Seeoner Muttergottes von 1433, auch wenn hier nur eine Kopie steht.

Zurück zur Musik: Johann Michael Haydn, durstiger Salzburger Domorganist und Bruder von Joseph Haydn, ließ sich öfter von seinen Seeoner Schülern das beliebte Klosterbier mitbringen, damals ganz ohne Kühlung! Unbedingt einen Besuch wert sind die abendlichen Sommerkonzerte im Innenhof des Klosters, besonders wenn in der Dämmerung die Mauersegler den Mozartklängen ihre eigenen Improvisationen unterlegen.

✍ Neben Seminaren, Ausstellungen und Konzerten bietet Seeon das kulinarisch anspruchsvolle Klosterstüberl, ein Hotel und den gut bestückten Klosterladen.

Oberbayern ist ein Bierland, das weiß jeder. Kein Geheimnis ist auch, dass hier schon die Kelten gebraut haben und später die Mönche damit weitermachten. Hätten die Patres geahnt, dass es in Truchtlaching mal einen Bier-Stammtisch nur für Frauen geben würde, wer weiß, was aus der Tradition geworden wäre. Die Braumeister der Camba Bavaria schätzen jedoch weibliches Publikum genauso wie alte Traditionen. Eine Gruppe von 13 jungen Kreativen produziert seit 2008 in ihrer Versuchsbrauerei für Brautechnik laufend neue, individuelle Biere. Als sich dann die Qualität herumspricht, beschließen sie, die mittlerweile 40 speziellen Sorten dem Publikum vor Ort anzubieten. Am besten in einer eigenen Gaststätte.

Die ist genauso individuell wie ihre Biere, von denen 15 (!) verschiedene aus den Zapfhähnen fließen. Werkstattcharakter prägt die Atmosphäre in der ehemaligen Mühle, hölzerne Tische und Bänke, ein gemauerter Backofen, der Blick auf blanke Braukessel weckt Vertrauen und macht Durst. Hier im ersten Stock der Camba, auf der Holzterrasse direkt über der grünen Alz, genießen Einheimische und Bierliebhaber aus aller Welt die kernige Speisekarte, betreut von ausgebildeten Biersommeliers, die auch für den Frauenstammtisch zuständig sind.

In einen Biershop gibt es alle 15 Sorten, bei Bedarf auch im besonderen Holztragerl. Empfehlung: der überragende Bourbon-Doppelbock, sechs Monate gereift in Whiskey-Fässern aus den USA, mit Naturkorken verschlossen und für Jahre haltbar. Allein von den Fassreifungen bietet Camba Bavaria 16 verschiedene Sorten an. In den Getränkemärkten sind sie die absolute Ausnahme. Camba steht in einer der keltischen Sprachen für die Braupfanne, Klöster nutzten den gleichen Begriff für ihre Back- und Braustätten. Truchtlaching war eine Keltensiedlung, Kloster Seeon liegt ums Eck. Authentischer geht es kaum.

✍ Samstags zweimal täglich Brauereiführung mit Weißwurst oder Brotzeit. Einmal im Monat können Sie selber brauen und Ihre Sinne testen, mit Bierprobe!

BEIM NEUWIRT ZEIGT MAN GERNE DEN WEG ZUR KELTENSCHANZE.

GASTHAUS NEUWIRT /// SEEONER STRASSE 3 ///
83376 TRUCHTLACHING /// 0 86 67 / 2 88 ///
WWW.NEUWIRT-TRUCHTLACHING.DE ///

Lange wusste niemand, woher sie kamen und warum sie da waren, die Schanzen, die mitten im Wald oder auf Anhöhen ihren eckigen Grundriss in die Landschaft setzten. Ihr Ursprung war rätselhaft, viele der alten Wallanlagen waren von Sagen umwoben, oft wurden sie auch mit dem Dreißigjährigen Krieg in Verbindung gebracht. Schweden- oder Bauernschanzen nannte sie der Volksmund.

Die moderne Archäologie machte Schluss mit den Spekulationen, unsere keltischen Vorfahren waren die Erbauer, so viel steht fest. Spekuliert wird aber nach wie vor über ihren eigentlichen Zweck. Die Auffassungen schwanken zwischen Kultplätzen, befestigten Gutshöfen oder Fluchtburgen. Das gilt auch für die Keltenschanze westlich von Truchtlaching, idyllisch im Wald auf einer Anhöhe über der Alz gelegen, ein beliebter Pausenpunkt für Jogger und von eifrigen Heimatforschern als archäologisches Denkmal hergerichtet.

Info-Tafeln zeigen mir den aktuellen Stand der Forschung, heute vermutet man in den Schanzen Kultplätze mit Versammlungs- und Gerichtsfunktion. Ein massives Holztor mit Wall und Palisaden führt zurück in die Zeit vor 2500 Jahren, ich gehe ein paar Schritte um das Stück neuen Wall herum auf die andere Seite – und sehe in der Fantasie statt Disteln und Gestrüpp den Oberdruiden, wie er seine Wächter anweist, das Tor für die Besucher zu öffnen. Aufwendige Begrüßungsrituale, endlose Reden von Würdenträgern, Müdigkeit an den Lagerfeuern, alle Waffen sind längst abgelegt, die Frauen schenken frisches Bier nach, und alles endet sehr entspannt.

Genauso wie meine Zeitreise. Ich gehe den Waldweg weiter hinunter zum Alzufer, wo ich auf eine rekonstruierte Fluchtburg aus dem Dreißigjährigen Krieg treffe. Ob dieses wacklige Teil gegen die Schweden wirklich geholfen hat? Mir scheint, die Kelten haben solider gebaut, auch wenn davon nur noch wenig zu sehen ist.

Die Alz bietet an der Brücke von Truchtlaching einen der schönsten Badeplätze im Chiemgau. Gleich gegenüber liegt der Neuwirt-Biergarten direkt am Fluss.

DER STADTPLATZ VON TRAUNSTEIN, DER »HAUPTSTADT« DES CHIEMGAUS

DER CHIEMGAU
UND SEINE TRAUNSTEINER HÄLFTE
Entlang der Traun nach Süden

Der Chiemgau ist je zur Hälfte verteilt auf die beiden Landkreise Traunstein und Rosenheim. Traunstein nennt sich zu Recht »Hauptstadt des Chiemgaus«, schließlich liegt es mittendrin, während man das dreimal größere Rosenheim am Westufer des Inn findet, also streng genommen nicht mehr im Chiemgau. Hinweise, dass die Traunsteiner mit Neid auf die freie Kreisstadt Rosenheim schauen, sind bloße Gerüchte. Die wären den meisten Traunsteinern außerdem egal, denn in ihrer gemütlichen Hauptstadt geht ohnehin alles: Einkauf, Behörden, Schulen, Kultur – und es gibt sogar eine wirklich unabhängige Tageszeitung!

Es begann im 13. Jahrhundert mit einer Burg oberhalb des Flussübergangs an der Traun, den die Salzstraße von Reichenhall nach München nutzte. Salzhandel bedeutete soliden Wohlstand, Traunsteins Straßen waren deshalb schon um 1500 gepflastert. Mit dem Wittelsbacher Salzmonopol von 1587 drohte der Rückschritt, doch eine Soleleitung von Reichenhall und eine Saline in Traunstein machten alles wieder wett. Der große Stadtplatz auf dem Plateau über der Traun lässt ahnen, wie es hier im Mittelalter ausgesehen hat. In Traunstein fühlte sich Ludwig Thoma altbayerisch wohl, Joseph Ratzinger ging hier zur Schule, Jahre danach auch der Dichter Thomas Bernhard, allerdings nicht so gerne wie der spätere bayerische Papst.

Die Saline verbrauchte über Jahrhunderte große Mengen Holz aus den Bergwäldern um Inzell und Ruhpolding, das über die Traun bis 1912 nach Traunstein getriftet wurde. Das sehenswerte Holzknechtmuseum an der weißen Traun, südlich von Ruhpolding, erinnert an die Zeit der alten Holzwirtschaft und auch an die ökologischen Folgen.

Holzknechte spielen auch eine Rolle in der Legende um Maria Eck, die Wallfahrtskirche südlich der Gemeinde Bergen. Immer wieder haben sie seltsame Lichter gesehen, was die frommen Männer als Aufforderung nahmen, erst eine Holzkapelle und später zwei Altäre zu Ehren der Dreifaltigkeit zu errichten. Am gleichen Platz baute man 1636 eine Kirche für die immer zahlreicher werdenden Pilger. Die Münchner Herren der Säkularisation beschlossen dann, der Wallfahrt ein Ende zu bereiten, doch das anrückende Abbruchkommando wurde von zornigen Bauern verjagt, die das auf keinen Fall dulden wollten. Heute ist Maria Eck ein Kloster der Franziskaner-Minoriten und der Klostergasthof das Ziel vieler überwiegend weltlicher Wallfahrer.

Wenige Kilometer nordöstlich wiederholt sich die Mischung von frommer Kulisse und weltlichem Nutzen. Ein römischer Legionär namens Primus stieß auf eine Heilquelle bei Bad Adelholzen, reger Kurbetrieb in späteren Jahrhunderten war die Folge. Dann entdeckte der Adel die Primusquelle für sich, und nachdem 1907 die Barmherzigen Schwestern die Quelle erworben hatten, florierte das Heilbad noch lange. Letzter prominenter Kurgast war Nuntius Pacelli, der spätere Papst Pius XII. Heute wird in Adelholzen nicht mehr gekurt, sondern das Quellwasser im großen Stil vermarktet. Die Barmherzigen Schwestern sind darin sehr erfolgreich.

Unbarmherzigkeit sagen Heimatforscher dem Raubritter nach, der im 13. Jahrhundert als Heinz von Stein im Tal der Traun nahe Altenmarkt in seiner berühmten Felsenburg sein Unwesen getrieben haben soll. Bis der Graf von Trostberg ihn schließlich ergriff und den Salzburgern auslieferte. Vergleichbare Felsenburgen sind selten, das später von wechselnden Besitzern umgebaute Raubritternest ist heute eine Attraktion für viele Besucher.

Burgenfreunde finden eine weitere, wenige Kilometer traunaufwärts: Das 720 Jahre alte Schloss Pertenstein, mustergültig restauriert, ist Ort vieler kultureller Veranstaltungen, von Musik über Kabarett bis zum Handwerkermarkt. Mittelalterliche Ritterspektakel braucht im Chiemgau aber niemand.

WOCHINGER BRAUHAUS /// ST.-OSWALDSTRASSE 4 ///
83278 TRAUNSTEIN /// 08 61 / 30 45 /// WWW.WOCHINGERBRAEU.DE ///

Biergarten geht wirklich nur bei Sonne und das Umschalten auf Gelassenheit nur im Schatten von Kastanien. Jetzt wissen wir auch warum: Eines der besonders großen Exemplare im Wochinger Biergarten wartete einen Regentag ab, um sich vom Baumleben zu verabschieden. »Da haben wir ein Riesenglück gehabt«, sagt Pächter Florian Bauer, »genau das bissl Gewicht vom Regen hat's gebraucht, damit sie umfällt« – im Gott sei Dank leeren Biergarten. »Der Traunsteiner Baumdoktor hat dann alle angebohrt und leider haben ein paar rausmüssen, wir haben aber gleich neue reingesetzt.«

»In 50 Jahren sieht's schon wieder anders aus«, kommentiert der Stammgast aus Salzburg den Ratsch am Tisch. »Das seh ich dann zwar nimmer, aber bis dahin komm ich regelmäßig.« So wie die Traunsteiner und Chiemgauer seit den 70er-Jahren. Damals wurde der Pferdestall der Wochinger Brauerei zum Bräustüberl umgebaut, und nach einer gelungenen Renovierung vor 20 Jahren herrscht beim Wochinger ein Biergartenleben, wie man es sich wünscht. Jung und Alt, Wichtig und Unwichtig, Hiesig und Auswärts sitzen beinander, und auch die jungen Kastanien vertragen sich mit den alten.

Die Wochingers kamen 1892 aus Niederbayern nach Traunstein. Seit 1587 eine Brauerfamilie, siedelten sie oberhalb der Traun vor den Toren der Stadt. Seitdem gewinnt ihr Bier Preise und hat bis heute einen hervorragenden Ruf. Auf dem großzügigen Brauereigelände stehen noch alle Gebäude von damals, frisch in Gelb und Weiß und alle noch in Betrieb. Der herrschte auch 20 Jahre lang im NaNu, der legendären Musikkneipe beim Wochinger. Die musste schließen, weil mit der näher rückenden Bebauung manche Eigentümer ihr »mitgekauftes« Ruherecht einforderten. Also eröffneten die Wochingers am selben Platz das Steakrestaurant Leonrod, dort sitzen jetzt auch die ruhebedürftigen Nachbarn.

✍ Ein Spaziertipp: die von Jakob Wochinger gebauten Jugendstilvillen »am Wochingerspitz« anschauen. Nur fünf Minuten vom Biergarten, prachtvoll!

SPIELZEUGMUSEUM TRAUNSTEIN /// STADTPLATZ 2 – 3 ///
83278 TRAUNSTEIN /// 08 61 / 16 47 86 ///
WWW.SPIELZEUG-UND-STADTMUSEUM-TRAUNSTEIN.DE ///

ALS DIE KINDERZIMMER
NOCH OFFLINE WAREN

Traunstein – Spielzeugmuseum

48

Es gibt sie noch, die nicht modern durchgestylten Museen, wo das Engagement der früheren Gründer überall spürbar ist. Die Museumspädagogen hätten im verwinkelten Traunsteiner Heimathaus aus dem 16. Jahrhundert fürs Modernisieren keine Chance gehabt, also haben sie es gar nicht erst versucht, und das war gut so.

In einem Heimathaus ist seiner Natur nach die Stadtgeschichte zu sehen, mit allem, was dazugehört. In Traunstein sind das die Saline, die Brauereien und sonstiges stadttypisches Handwerk, ein paar Funde aus der Römerzeit und natürlich sakrale Kunst. Dazu eine imponierende Sammlung von Patrizierporträts, die den Besuchern von allen Wänden aus nachschauen. Mittendrin im anregenden Allerlei und über die Stockwerke verteilt wird das Thema präsentiert, für das ich meinen bescheidenen Eintritt gezahlt habe: altes Spielzeug.

Im Parterre ist gerade eine Sonderausstellung zu sehen, mechanisches Spielzeug aus einer prominenten Sammlung. Vorzugsweise Figuren, Puppen, Teddys und Tiere, alles, was Beine hat. Eine Treppe höher gibt es hundert Jahre alte Puppenküchen, Kaufmannsläden, Modegeschäfte, Bauernstuben und sogar ein Krankenhaus, bevölkert von Figuren, denen der passende Maßstab manchmal egal ist. Herrliche Details kann man entdecken, alles in lehrreicher Absicht modelliert fürs spätere Leben der lieben Kleinen.

Für die großen und kleinen Buben von heute wird es unterm Dach interessant: Eisenbahnen, Flugzeuge, Schiffe und unzählige Automobile. Gestanztes aus Blech, Geformtes aus Bakelit und Edles der großen Eisenbahn-Marken Märklin, Bing oder Fleischmann, Spurweite 0 und 1, Baukästen, Dux-Heimkinos und vieles mehr. Nostalgische Technik, durchschaubar und die Fantasie anregend. Die Viertklässler, die gerade die Treppe raufrumpeln, stecken ihre Smartphones und Tablets tatsächlich kurz weg. Ob das etwas bedeutet?

🐾 Noch eine besondere Museumsempfehlung: das Katzenmuseum Traunstein, Chiemseestraße 1, 08 61 / 89 83. www.katzenmuseum-traunstein.de

WILLI SCHWENKMEIER MIT BERNHARD-FANS, DIREKT UNTER DEM VIADUKT

ANMELDUNG: STADTBÜCHEREI TRAUNSTEIN /// HAYWARDS-HEATH-WEG 1 ///
83278 TRAUNSTEIN /// 08 61 / 16 44 80 ///
WWW.STADTBUECHEREI-TRAUNSTEIN.DE ///

EIN KIND DER STADT –
AUF DEN SPUREN VON THOMAS BERNHARD
Traunsteiner Literaturspaziergang

49

»Anarchisten sind das Salz der Erde«, belehrte der Großvater den kleinen Thomas Bernhard und spekulierte vor seinem Enkel über die Menge an Dynamit, die es brauchen würde, um den Traunsteiner Eisenbahnviadukt in die Luft zu sprengen. In seinem autobiografischen Buch *Ein Kind* zitiert Thomas Bernhard diesen und andere kernige Sätze des Ettendorfer Großvaters, der gerne den Bürgerschreck gab. Die Traunsteiner mochten diese Sätze überhaupt nicht, und weil sie nun mal im Buch standen, war es ihnen wurscht, ob das nur Zitate waren, denn so etwas schreibt man nicht über sie! Beispiel: »Blöd wie die Schafe scharten sich die Kleinkrämer um die Kirche und blökten sich tagaus, tagein zu Tode.«

Thomas Bernhard hat sich die schwierigen Jahre seiner Traunsteiner Kindheit von der Seele geschrieben; wenn Elternhaus und Schule ihn gar zu sehr quälten, war der Großvater im nahen Ettendorf sein Halt. Ob Opas Ansichten auch die seinen waren, darüber denken die Traunsteiner heute flexibel. Schließlich ist der Mann aus Österreich eine literarische Berühmtheit geworden. Die Bernhard-Lobby in Traunstein wird engagiert geführt vom Exlehrer und Autor Willi Schwenkmeier, der seit Jahren regelmäßig literarische Spaziergänge auf den Spuren des Dichters anbietet. Seine Exkurse haben hohen Unterhaltungswert, und niemand muss dabei selber den Bernhard-Kenner geben. Schwenkmeier ist ein Meister im Vermitteln spannender Details der Traunsteiner Jahre (1938–1946) und ihrer Spuren in Bernhards Werk.

»I hab ihn noch kennt, mei, war des a liaber Kerl!«, sagte die alte Hilger-Bäckerin zur Schwenkmeier-Gruppe, wenn diese früher am Bernhard-Wohnhaus gegenüber stehen blieb. Die Hilgerin gibt es nicht mehr, das Haus soll abgerissen werden, aber die Gedenktafel bleibt! Ganz in der Nähe die Thomas-Bernhard-Stiege, so ist er also jetzt doch ein Kind der Stadt.

✍ Traunstein vor 70 Jahren – Thomas Bernhards Sicht ist leicht getrübt, aber für ein rundes Chiemgaubild sollte man sein Buch trotzdem lesen.

GASTHAUS BEIM ROITER /// ROIT 1 /// 83352 ALTENMARKT /// 0 86 21 / 73 87 ///

WER BEI DER SCHWAIGERIN EINKEHRT, HAT ZEIT

Alzfähre beim Roiter

50

Früher wussten die Kirchgänger von Hölltal, Wies und Massing-mühle, wie sie ihren Sonntagsweg nach Kloster Baumburg abkürzen konnten. Sie nahmen den Kahn beim Roiter, wenn die Alz nicht gera-de Hochwasser führte. Den Kahn gibt es immer noch, die Kirchgän-ger benutzen aber längst das Auto. Aus dem Kahn ist eine moderne Fähre geworden, aber sonst ist beim Roiter in der Alzschleife vieles noch so wie vor etwa 70 Jahren.

Das war die Zeit, als im Chaos der letzten Kriegswochen auf dem abgelegenen Fischer- und Bauernanwesen *Beim Roiter* eine bunte Schar Gestrandeter Zuflucht fand. Bei der Schwaigerin, wie Mina Ste-cher, geborene Roiter und gute Seele des Ortes, genannt wurde. Auch die 23-jährige Wehrmachtshelferin Ruth Rehmann konnte hier wieder aufatmen. 40 Jahre später hat sie in ihrem Buch *Die Schwaigerin* die Jahre an der Alz so eindrucksvoll beschrieben, dass die Einkehr beim Roiter heute den Ruf eines Literaturschauplatzes hat. Die Fähre nut-zen Wanderer und Radfahrer; Fahrtzeiten gibt es nicht, also kann man ruhig noch im Biergarten hocken bleiben. Es herrscht Selbstbedienung durchs Küchenfenster, eine kleine Karte kennt sogar Tomaten mit Mozzarella. Unter Obstbäumen stehen Tisch und Stuhl auf der Wie-se, Hühner kratzen am Weg, die Ruhe ist traumhaft. Wer weiter will, sagt Bescheid, es findet sich immer jemand, der den Fährmann macht. Zu Zeiten der Schwaigerin war das kaum anders, Nachbarn oder auch Fremden verkaufte sie gerne Bier und eine Brotzeit. Nicht so offiziell wie heute, denn früher schauten die Finanzer auch mal weg.

Das Fährhäusl am grünen Fluss hat eine Besonderheit: Es gibt keine festen Preise, Trinkgeld ist aber willkommen. Die freundlichen Leute beim Roiter fahren gut damit. Enkelin Alexandra erzählt, dass Ruth Rehmann hin und wieder aus Trostberg herübergekommen ist, zum Schwimmen in der Alz, mit über 90 Jahren!

✍ Dieser Tipp ist ein Literaturtipp: Wer *Die Schwaigerin* von Ruth Rehmann liest, dessen Bild vom Chiemgau bekommt bestimmt viele neue Facetten.

Der Doppelturm und das Kirchenschiff mit aufwendig gegliederter Rückfront machen jedem Eindruck, der sich dem Kloster Baumburg nähert. Wenn er dann in Altenmarkt das steile Sträßchen um den Berg herum bis durchs Tor geschafft hat, ist er zunächst verblüfft von der Leere des Platzes. Hier hat er außer der imposanten Kirche mehr erwartet als nur Parkplätze, Sonnenschirme und Bierlaster.

Das Verständnis kommt, wenn er Baumburgs bewegte Geschichte betrachtet. Schon nach der Gründung ab 1107 war das Augustiner Chorherrenstift in langjährige Händel mit seinem Bruderkloster in Berchtesgaden verstrickt. Während der Reformation folgte wirtschaftlicher Verfall, und im 16. Jahrhunderts brannte Baumburg mehrfach nieder. Erst im 18. Jahrhundert wurde noch mal um- und ausgebaut, was dann nach der Säkularisation wieder eifrig versteigert oder abgerissen wurde. Heute stehen auf dem Areal nur noch die Kirche, ein Seminarhotel und die Klosterbrauerei, die ihr Bier im Bräustüberl ausschenkt.

Baumburg wurde zudem im Dezember 1800 Notlazarett für viele Tausend Soldaten aus der Schlacht bei Hohenlinden. Napoleon besiegte damals dort die bayerisch-österreichischen Truppen. Nach einer Typhusepidemie wurden 2.000 Bayern, Österreicher und Franzosen in Panik in einem Massengrab verscharrt. Daran erinnert heute ganz in der Nähe die Buchenwaldkapelle am Alzufer.

Genug der dunklen Seiten, eine helle gibt es in Baumburg Gott sei Dank auch: Die mittelalterliche Stiftskirche wurde ab 1755 vom Trostberger Baumeister Franz Alois Mayr zu einem Rokoko-Kleinod umgewandelt. Hohe Fenster und viel Licht, reiche, farbenfrohe Stuckierung, unzählige Figuren und Szenen auf imposanten Deckenfresken, viele Seitenaltäre, Statuen und Kreuzwegbilder – dafür nehmen Sie sich bitte richtig Zeit! Fürs durchaus lohnende Bräustüberl bleibt dann schon noch ein Stündchen.

✍ Ein Besuch von Trostberg, zwei Kilometer nördlich, lohnt sich. Sehenswert sind die Altstadthäuser, im Volksmund »Trostberger Orgel«, wegen ihrer engen Bauweise.

Der berühmteste Raubritter östlich des Inn hat zwar nicht länger ge-
lebt als andere Schnapphähne seiner Zeit, aber die Legende ist unsterb-
lich. An ihr haben jahrhundertelang Heimatforscher und Burgführer
mit Eifer gestrickt, und ihr Grusel funktioniert heute noch: die Fol-
terkammer, der abgrundtiefe Schacht, in dem die Opfer verschwinden,
und vor allem die Zellen der zahlreichen Frauen, die der Heinz von
Stein für seine Spießgesellen gefangen hielt. Da seufzen die Besucherin-
nen mitleidsvoll, und wer vorher noch gelästert hat, wird zum friedlichen Blauhelm. Den blauen Helm bekommen nämlich alle Gäste beim
Besuch der berühmten Höhlenburg verpasst. Dazu wird eine eigene
Taschenlampe empfohlen.

Noch scheint die Sonne auf die helle Nagelfluhwand, bedrohlich
und rätselhaft sind die vielen Mulden und Löcher im Felsen, Schieß-
scharten, wie sich später herausstellt. Oben drauf sitzt, wie mit dem Stein
verwachsen, die eher unscheinbare Hochburg. Dann schlucken Wendel-
treppen und Gänge die Besucher, die Führung durch das mythische Mittelalter im Chiemgau beginnt. Nach einer Stunde sanften Horrors geht
der stockfinstere Gang über tropfnasse Felsstufen endlos nach oben, Er-
leichterung reihum, als der Ausgang in der Hochburg erreicht ist.

Den Besuch der Klause gönne ich mir aber doch noch. Links
neben der Burg muss ich in die Felswand hinauf, was nur heute, am
Tag der letzten Burgführung im Jahr, möglich ist. Die Schlossherren
von Stein haben sich dort über die Jahrhunderte jeweils einen frommen Einsiedler gehalten, ihm die Erziehung der Dorfkinder anver-
traut und wohl auf seine Fürsprache ganz oben gehofft. Der Letzte
seiner Art, der Allgäuer Alois Zink, soll 1942 verschwunden sein, man
munkelt etwas von Dachau. Immer noch gegenwärtig: Ritter Heinz
von Stein, wenn auch nur als Werbeträger der Brauerei, der heute die
Schlossanlage gehört.

✍ Nach der Burgführung: Der nahe Brauereigasthof hat Tradition
und ist keine Touristenabfütterung. Außerdem rühmt man im
Landkreis das Steiner-Bier.

»FÜR FÜNF MARK KÖNNEN SIE ES HABEN«

Schloss Pertenstein

Für einen Spottpreis wollte der gräfliche Besitzer das komplette Schloss aus dem 13. Jahrhundert endlich loswerden. Die Geschichten mit solchen Angeboten gehen oft böse aus, doch hier lief alles ganz anders. Viele Jahrzehnte lang war Schloss Pertenstein in Trauntal unbewohnt, zerbröselte als Kornspeicher langsam vor sich hin und diente nach dem Krieg als Unterkunft für Flüchtlinge. Dann machte 1968 der Lehrer Hans Lauber mit der Graf Toerringschen Verwaltung den Deal seines Lebens.

Alles begann mit dem schiefen Turm. Hans Lauber sah täglich von seinem Klassenfenster in Traunwalchen, wie der sich stetig weiter neigte, bis es schließlich hieß, er sei einsturzgefährdet. Mit seinem Bruder, der immer schon für alte Gemäuer geschwärmt hatte, besah Lauber sich die Sache – und kurz darauf war er Erbpächter von Schloss Pertenstein an der Traun, bis ins Jahr 2067, mittlerweile für umgerechnet 50 Mark jährlich. Denn inzwischen ist zu den 700 Quadratmetern Schloss noch die Hofmark mit Gebäuden und rund 16 Hektar Grund dazugekommen.

Der umtriebige Lehrer und Musikschulleiter gründete seinerzeit einen Verein, der offenbar die richtigen Leute hatte, handwerklich und auch sonst geschickt, und bald zog neues Leben ein in Schloss Pertenstein. Wobei das ohne jeden Rummel vor sich ging, sondern ganz im Sinne des neuen »Schlossherren« (Jahrgang 1935) langsam und stetig gewachsen ist. Ein Versuch mit Ritterspielen wurde rasch wieder aufgegeben. Heute ist Schloss und Hofmark Pertenstein mit seinem großartigen Marstall-Gewölbe ein weithin bekanntes Kulturzentrum, das Theaterpremieren, Orff-Musiktage und Konzerte im Programm hat und einen jährlichen Mittelalter-Markt. Auch als Hochzeitsschloss hat Pertenstein einen Ruf, Laubers Lebenspartnerin organisiert das alles perfekt, wobei er selber dem Treiben nur mehr gelassen zuschaut.

✍ Schlossführungen für Gruppen sind möglich. Bei Voranmeldung in der Schlossverwaltung übernimmt das gerne der Ortsheimatpfleger.

Es war einmal ein Meteor, der wollte unbedingt im Chiemgau baden gehen – so könnte ein Märchen beginnen, das sich um den kleinen, einsam gelegenen Tüttensee rankt. Dass es aber gleich eine so krachende Legende sein muss, erschließt sich dem Besucher nicht sofort. Auch nicht bei der Lektüre der Infotafeln am Weg, die für die Entstehung des Sees einen Meteoriteneinschlag vor rund 2.500 Jahren verantwortlich machen. Der Verein *Chiemgau-Impakt e. V.* darf seine Theorie aber gerne öffentlich machen, es liest sich ja durchaus spannend, was da steht.

Wissenschaftler sehen den Ursprung der vielen kleinen Seen im Chiemgau und im Alpenvorland in Toteiskesseln, Überbleibseln der Gletscher am Ende der letzten Eiszeit. Sie meinen außerdem, dass eine kosmische Katastrophe auch bei den schriftlosen Kelten irgendeine Überlieferung hätte hinterlassen müssen. Davon ist jedoch nichts bekannt.

Heute ist der rund 17 Meter tiefe, verträumte, warme Waldsee eines der beliebtesten Badeziele bei Einheimischen und Gästen. Erlen, Kiefern und Birken säumen die naturbelassenen Ufer, die in einer halben Stunde umwandert werden können. Parken kann man schattig und ohne Gebühr am Waldrand, 300 Meter weiter liegt das kleine Strandbad mit dem Charme der 80er-Jahre. Fast kreisrund ist die Wasserfläche, dunkelgrün bis braun. Das Ufer gegenüber verlockt Sportliche zur Langstrecke, für die Pause zwischendurch gibt es schwimmende Plattformen. Naturschutz wird ernst genommen, es ist angenehm ruhig, und die Wasserwachtler halten diskret die Augen offen.

Die entspannte Sommeridylle wird erst richtig komplett mit der Seewirtschaft im Lounge-Stil, die ihre weitläufige Holzterrasse bis in den See hinausschiebt. Abends bei Kerzenschein an den Teakholztischen haben diejenigen Glück, die eine Sternschnuppe sehen. Meteore ziehen immer noch unsichtbar vorüber.

⚲ Einen Kilometer nördlich liegt die Loretokirche von Marwang mit zahlreichen Votivtafeln aus mehr als drei Jahrhunderten.

SÜDOSTBAYERISCHES NATURKUNDE- UND MAMMUT-MUSEUM ///
AUENSTRASSE 2 /// 83313 SIEGSDORF /// 0 86 62 / 1 33 16 ///
WWW.MUSEUM-SIEGSDORF.DE ///

Um das genau zu wissen, müssen wir auf die Forschungen der Paläontologen zurückgreifen. 1985 haben sich deren Münchner Vertreter im Chiemgau umgesehen, als sie von einem aufregenden Fund in der Nähe von Siegsdorf hörten. Halbwüchsige hatten beim Schatzsuche-Spielen zehn Jahre vorher große Knochen gefunden. Jetzt stellte sich heraus, dass es sich um das nahezu vollständige Skelett eines wollhaarigen Mammuts handelte, etwa 45.000 Jahre alt. Eine echte Sensation!

Doch damit nicht genug: Im Gerhartsreiter Graben, einer vermutlichen Wasserstelle aus der Eiszeit, fand man außerdem in kurzer Zeit das Skelett eines Höhlenlöwen, Rudimente von Steppenwisent, Riesenhirsch und Wollnashorn. Und Hyänen gab es zu der Zeit auch, sie hatten sich durch ihre Exkremente als Interessenten an den dort verendeten Tieren geoutet. Gab es denn auch Spuren menschlicher Vorfahren aus dieser Zeit?

Eine weist der Siegsdorfer Fund immerhin auf: Beim Höhlenlöwen-Skelett fand man Schnittspuren am Oberschenkelknochen, die deutlich auf Werkzeuge hinweisen. Es könnten also vor rund 50.000 Jahren Neandertaler in den Chiemgauer Birkenwäldern gehaust haben.

Das alles war für die Gemeinde Siegsdorf der Startschuss für die Gründung eines naturkundlichen Museums. Es eröffnete 1995 und ist landesweit als Mammut-Museum bekannt, denn das riesige Skelett ist der absolute Publikumsmagnet. Ende 2013 lag die Besucherzahl bei über einer Million. Unsere Geologie am Alpenrand wird im Modell spannend dargestellt, auch die Nachbildung einer Bärenhöhle ist sehr gelungen, und der Freibereich mit lebensechtem Mammut und Neandertaler-Feuerstelle bietet quasi Steinzeit zum Anfassen. Regelmäßig sind thematisch verwandte Sonderausstellungen zu sehen, wie etwa über Versteinerungen aus unseren Urzeitmeeren. Siegsdorf ist längst ein Muss für große und kleine Vorzeit-Fans.

🔥 Die Aktionstage zu beachten lohnt: Im Steinzeitgarten mit Feuerstelle kann man Bernstein schleifen, Stockbrot backen und mehr. Steinzeit als Familienspaß!

FORSTHAUS ADLGASS /// ADLGASS 1 /// 83334 INZELL ///
0 86 65 / 4 83 /// WWW.FORSTHAUS-ADLGASS.DE ///

WANDERER STATT WILDERER

Inzell – Forsthaus Adlgass

Schon vor 150 Jahren machten Holzknechte, Jäger und Almerer in Adlgass gerne Rast. Dann saßen sie auf der Hausbank oder im Baumschatten auf der Wiese, den Blick auf Zwiesel und Hochstaufen, und ließen es sich gut gehen. Obwohl sehr abgelegen, hatten in Adlgass Wilderer als Lieferanten nie eine Chance, stattdessen kamen mit den Jahren die Wanderer hinzu. Auch sie mochten die Brotzeit in der Forstwartei, und so ist es im Prinzip bis heute geblieben.

Seit 1308 ist an diesem Platz ein Forsthaus dokumentiert, damals als Lehen zum Stift St. Zeno in Reichenhall, also zu Salzburg gehörig. Der Türstock zeigt heute die Jahreszahl 1765, von Bränden, Plünderungen oder Kriegsschäden ist nie etwas bekannt geworden. Ein friedlicher Platz also, dessen beruhigende Ausstrahlung auch heute noch wirkt. Nachdem die Forstleute vor 50 Jahren nach Inzell umgezogen waren, hat die Familie Maier das historische Anwesen als Wirtshaus gepachtet. Hier in Adlgass beginnen viele schöne Rad- und Wanderwege, wie der beliebte Spazierweg zum Frillensee, einem grünen Bergsee wie aus dem Bilderbuch. Bevor Inzell sein modernes Eisstadion gebaut hatte, haben hier im Winter die Inzeller Eishockey und Eisschnelllauf trainiert.

Thekla und Hans Maier übergaben zur Jahrtausendwende an die drei Töchter Gertrud, Ursula und Christa, die seitdem mit ihren Familien das Wirtshaus betreiben. Die Idylle auf der Wiese ist geblieben, auch die Gaststuben wurden nicht im Alpinstil kaputtrenoviert. Tradition schreiben die Maiers groß, für Neuerungen sind sie dennoch aufgeschlossen. Das heißt konkret: Ächtung der Mikrowelle, dafür Mitglied bei Slowfood. Vom Fleisch und Wild über Mehl, Eier, Milch bis zum kalt gepressten Öl kommt alles aus der Region oder aus ökologischem Landbau. Im Gespräch sagt Ursula, dass die Schwestern die Küche gerne den Männern überlassen haben. Und die danken das Vertrauen mit hoher Qualität!

🖎 Auf dem Rückweg liegt vor Inzell links die sehenswerte kleine Kirche St. Nikolaus in Einsiedeln aus der Zeit um 1200. Schönes Glasfenster von 1420!

ZUR WILDROMANTISCHEN WEISSBACHSCHLUCHT KOMMT MAN AUF
DER B 305 VON INZELL NACH SCHNEIZLREUTH. EMPFEHLUNG: EIN AUTO
IN WEISSBACH FÜR DIE RÜCKFAHRT ABSTELLEN.

In Schneizlreut sind wir zwar nicht mehr im Chiemgau, aber ab hier gibt es vom Berchtesgadener Land aus einen uralten und spannenden Hintereingang Richtung Inzell. Durch die Weißbachschlucht wurden in Zeiten, als es in Traunstein noch keine Saline gab, Massen von Holz aus den östlichen Chiemgau-Wäldern »ausgeführt«, mühsam durch den Weißbach getriftet, um in Reichenhall die Sudpfannen der Salzsieder zu befeuern. Oberhalb der Schlucht hatte man Ende des 16. Jahrhunderts einen Weg in den Fels gehauen, auf dem im Gegenzug das Salz Richtung Westen »eingeführt« wurde. Seit 1938 verläuft auf dieser Route die Queralpenstraße.

»Nur für Geübte« lautet der Hinweis am Anfang der Schlucht, und das hat seinen Grund. Manche verwechseln jedoch die erwünschte Übung mit der Fähigkeit, ihre Teleskopstöcke schön rhythmisch schwingen zu können. Diese sind aber auf dem schmalen, bröckeligen und oft feucht-glatten Pfad genau das Falsche. Die Holzknechte, die früher an Engstellen der Schlucht verkeiltes Holz wieder flottmachen mussten, hätten solchen Hilfsmitteln sicher misstraut. Besser ist es, oberhalb des reißenden Weißbachs beide Hände frei zu haben.

Die Holztrift ist längst Geschichte. Heute ist der wildromantische und stellenweise sportlich anmutende Wandersteig zwischen den Bergflanken von Ristfeuchthorn und Albauer Kopf eine Attraktion für die Wanderer. An warmen Sommertagen ist es hier angenehm frisch, am Weganfang gibt es sogar Badestellen. Im Herbst wechselt der Weg zwischen kaltem Schatten und farbigem Sonnenhang, immer hoch genug über dem Wildwasser, um das Adrenalin zu spüren. Von ihm und vom Tosen des Wassers berauscht sitzen wir dann nach einer Stunde auf der sonnigen Terrasse vom Gasthaus Mauthäusl in Weißbach und fühlen uns wie erfolgreiche Expeditionsteilnehmer. Wir haben den Hintereingang zum Chiemgau bezwungen.

Auf dem Weg von Weißbach nach Inzell: der Gletschergarten, ein geologisches Schaustück ersten Ranges – Gletscherschliffe, Riesentöpfe, erratische Blöcke.

GLOCKENSCHMIEDE /// HASSLBERG 6 /// 83324 RUHPOLDING ///
0 86 63 / 23 09 /// WWW.MUSEUM-GLOCKENSCHMIEDE.DE ///

Glocken werden gegossen, zum Beispiel Kirchenglocken. Kuhglocken dagegen, die eigentlich Schellen heißen, werden geschmiedet. Ob Schelle oder Glocke, der Chiemgau-Bauer deckte früher seinen Bedarf beim Glockenschmied, ihn interessierte nur die Qualität, wie bei allen anderen Werkzeugen, die er dort bekam. Händler aus ganz Bayern und darüber hinaus waren Kunden bei der Familie Grübel, Hammerschmiede-Meister im abgelegenen Thoraubachtal bei Ruhpolding. Hier wurden seit 1763 Werkzeuge für die Landwirtschaft hergestellt, zum Beispiel die begehrten Strohmesser. Der Letzte seines Fachs, Fritz Grübl, hat erst in den 1950er-Jahren die Schmiedefeuer endgültig gelöscht.

Seine Tochter Tyrena Ullrich klärt ihre Besucher gerne auf über Glocken und Schellen, und zu allen Fragen, die in ihrem so besonderen kleinen Museum gestellt werden, hat sie eine Antwort: über die Technik der Wasserkraft, den Brennstoff für die Essen, den Unterschied der Eisensorten und die Arbeitsbedingungen für das Dutzend Beschäftigte. Ganz früher kam die Holzkohle aus Meilern im eigenen Wald, die Schmiede, Schleifer und Stielmacher lebten alle unter einem Dach und gegessen wurde gemeinsam an einem Tisch. Meister und Gesellen arbeiteten gleich hart, doch ihre Produkte wurden nur nach Gewicht verkauft, weil die Arbeitskraft nicht viel wert war. Arbeiter der Glockenschmiede starben im Schnitt zwölf Jahre früher als die Bauern in der Nachbarschaft, das hat eine Untersuchung ergeben.

Stolz ist die Glockenschmiede-Familie heute trotzdem auf ihre Tradition und auf ihr Museum. Der Denkmalschutz wurde bei ihnen bereits ganz früh aktiv, und seit der Eröffnung 1996 strömen die Besucher. Der Bauer von der Aschauer Hofalm bedauert es, dass die Schmiede nur noch ein Museum ist. »Ewig schad, dass ich heut zwengs einer g'scheiten Glock'n bis in die Schweiz reisen muss.«

✍ Wer sich über die Eisengewinnung im Chiemgau informieren will, für den hat das nahe gelegene Bergbaumuseum Achthal geöffnet. www.bergbaumuseum-achthal.de

BUTZN WIRT /// BRAND 18 /// 83324 RUHPOLDING ///
0 86 63 / 14 22 /// WWW.BUTZNWIRT.DE ///

Vinzenz und Dorothea Putz werden als erste Besitzer des Bergbau-
ernhofes *Butz im Brand* genannt, der im 16. Jahrhundert noch unter
der Grundherrschaft des Salzburger Domkapitels stand. Die Bauers-
leute hatten ein Gespür für den richtigen Platz, die nicht zu steile
Hanglage nach Süden war günstig für Weidewirtschaft und sogar für
Obstanbau. Ob sie bei ihrer harten Arbeit auch Sinn für die idyllische
Aussicht hatten, darf man bezweifeln. Als der letzte Besitzer das Anwesen als Gasthof verpachtete, wurde dieser bald wegen seines einmaligen Blicks in die Ruhpoldinger Berge zum Geheimtipp.

Zum Butzn Wirt geht vom Tal der Urschlauer Ache eine schmale Bergstraße hinauf bis auf 850 Meter. Oben angekommen, passiert
jedem dasselbe: aussteigen, tief Luft holen und staunen. »In Südtirol
ist es auch nicht schöner«, hört man bei der Gelegenheit. Auf der
Holzterrasse über dem Obstgarten stehen Schirme, Liegestühle und
sonstige bequeme Möbel, an der Hauswand Stammtischbänke, ums
Eck versteckt sich das alte Austraghäusl, und an der Rückseite steigen
Almwiesen bis hinauf zum Waldrand. An diesem Ort konnte das Alte
noch sichtbar mitreden, und alles Neue hat mit ihm ganz behutsam
Freundschaft geschlossen.

Mehr als Freundschaft war es bei der Wirtin Gitte Deyerl, sie
hat sich vor Jahren in den Platz verliebt. Das alte Haus mit den dicken Balken und bäuerlichen Kachelöfen hat eine beruhigende Ausstrahlung. Es gibt Zimmer und ein Appartement, nur die Küche ist so
klein wie früher – aber was sie bietet, hat Anspruch. Gitte hat letztes
Jahr an ihren Koch Sebastian Sarlette übergeben, der den Hof so wei-
terführt, wie es die Gäste mögen. Auch sein Butzn Wirt lebt vom
entspannten Charme einer Sommerfrische in den Bergen. Er taugt
aber auch genauso gut für große Feiern wie für ein kleines Abendbier
unter Freunden. Heute sagt man wohl »Chillout« dazu.

⚘   Besonders schön zur Zeit von Obstblüte und Schneeschmelze.
Wer sich einquartiert, geht am ersten Tag zu den nahen Neßlauer
Wasserfällen: Champagnerluft!

DER WEITSEE ZWISCHEN RUHPOLDING UND REIT IM WINKL IST GLASKLAR BIS AUF DEN GRUND.

HOLZKNECHTMUSEUM RUHPOLDING ///
LAUBAU 12 /// 83324 RUHPOLDING /// 0 86 63 / 6 39 ///
WWW.HOLZKNECHTMUSEUM.COM ///

Im Chiemgau vertragen sich Naturschutz und Badefreuden gut, so-lange sich eines nicht wichtiger nimmt als das andere. Durchreisen-de im Hochtal zwischen Ruhpolding und Reit im Winkl erblicken manchmal ungewohnte Dinge und gehen spontan vom Gas – so wun-derschön saubere und türkisgrüne Bergseen, und dann Sonnenschir-me und Liegestühle? Ja, ist denn das erlaubt, einfach so?

Nirgends ist ein einziges Verbotsschild zu sehen, dafür aber ein paar Schwimmer und Sonnenanbeter. Steg, Kiosk, Bootsverleih, all das fehlt zum Glück, scheinbar die reine Idylle. Vielleicht weil das Wasser so eiskalt ist? Von Bergseen kennt man das ja.

Von Reit im Winkl aus fährt tags drauf die Familie Mustermann auf Erkundung. Ihr Wirt hat das Bergsee-Rätsel erklärt: Beim Weit-see handelt es sich um drei Seen, diese liegen zwar im Naturschutzge-biet, aber das Baden ist an manchen Stellen erlaubt. Das Wasser testen sie dann selbst, sieht eiskalt aus, ist aber nur angenehm frisch und vor allem glasklar bis auf den Grund. Die wenigen Badegäste haben reichlich Platz, niemand ist laut, und nirgends ist so etwas wie Abfall zu sehen. Obwohl hier jeder seinen Bedarf für den Tag mitbringen muss. Dass es so etwas noch gibt heute!

Ein paar Bergwanderer stellen sich gegen Mittag ein, sie freuen sich auf ein erfrischendes Bad, das sieht man ihnen an. Morgen könn-ten wir zum Weitsee auch mal wandern, denken die Mustermanns und genießen für heute erst einmal Ruhe, Sonne und Bergblick.

Am Nachmittag erzählt ihnen ein freundlicher Einheimischer, wie die Berge ringsum heißen, auch dass hier die sibirische Schwert-lilie und das Braunkernauge wachsen, dass die Seen miteinander ver-bunden sind, nur wenige Zuflüsse, dafür aber einen fünf Meter tiefen Quelltopf haben und dass im Winter die Langlaufloipen übers Eis führen. Wie schön, dass vorerst noch Sommer ist am Weitsee.

✎ Für einen Regentag: das Holzknechtmuseum bei Ruhpolding. Viel Wissens- und Sehenswertes über die mühsame und gefähr-liche Arbeit früher im Bergwald.

Unser liebster Götze ist der Konsum, ihm opfern wir, indem wir viel wegwerfen. Dass das Wegwerfen ausgerechnet dort einmal eine Rolle gespielt hat, wo Götzen überhaupt nichts zu suchen haben, machte den Mesner Georg Beilhack nachdenklich. Was er vor vielen Jahren auf dem Dachboden von St. Pankratius fand, ließ auf ein großes »Ramadama« (bairisch für »Ausräumen«) in früheren Zeiten schließen: Altarteile, Heiligenfiguren, Kreuzwegstationen, Monstranzen, Votivbilder und mehr – und ein in viele Teile zerlegtes Heiliges Grab. Eine jener frommen Kulissen, die früher über Ostern viele ländliche Kirchen schmückten.

Das Ramadama in St. Pankratius zu Reit im Winkl gelang Gott sei Dank nur halb. Heute ist der geräumige Kirchenspeicher als Sakrales Museum eine Attraktion. Auf die Frage nach dem Grund dieses »Bildersturms« meint Georg Beilhack: »Das war gleich nach dem Zweiten Konzil, München wollte eine helle Kirche.« In der treffen sich heute die kulturell Interessierten zu Führungen durch die religiöse Volkskunst der Vergangenheit.

Der ehemalige Mesner und quasi Museumsdirektor führt über die Orgelempore und über enge hölzerne Stiegen durch den Turm bis auf den nahezu fensterlosen Speicher, direkt über dem stuckverzierten Tonnengewölbe. Georg Beilhack hat nach langem, mühsamem Räumen und Sortieren 1991 das Sakrale Museum eröffnet, als rein private Initiative. Auch heute redet ihm niemand hinein, seine rund 300 Exponate ergänzt er laufend durch Leihgaben und Fundstücke. Die absolute Rarität aber ist das Heilige Grab, ganz am Ende des Speichers, extra beleuchtet und sieben mal sieben Meter groß. Kunsthistoriker ordnen es dem späten 18. Jahrhundert zu, über Spenden wurde es fachgerecht restauriert. Spenden werden auch an Stelle von Eintritt genommen, kürzlich halfen sie, ein Kinderheim in Rumänien zu bauen.

✍ Für alle, die danach ein Kontrastprogramm brauchen: ein Besuch in der Spa- und Sauna-Landschaft im Gut Steinbach, nahe der alten Sprungschanze.

ALMEN, GIPFEL, WANDERWEGE

BLICK VON DER SCHRECKALM AM GEIGELSTEIN AUF DEN ALLGEGENWÄRTIGEN KAISER.

AUF DEN BERGEN IST DIE FREIHEIT

Almen, Gipfel, Wanderwege

In einem berühmten bayerischen Wildschützenlied beginnt die zweite Strophe mit den Zeilen: »Auf den Bergen ist die Freiheit, auf den Bergen ist es schön.« Weil die Freiheit oben war und nicht im Tal, wo ihre Stiefschwester, die *Liberalitas Bavariae*, sich aufgehalten hat, musste seinerzeit wohl jeder Freiheitssucher hinauf auf die Berge.

Der Wildschütz Jennerwein, von dem das Lied berichtet, suchte die Freiheit nicht nur, er konnte quasi ohne sie nicht sein. Trotzdem ist er immer wieder frech im Tal aufgetaucht, im Revier der *Liberalitas* – und der Obrigkeit. Wie die Geschichte ausging, reimt das Lied drastisch: »… fand man ihn, von hinten war er angeschossen, zersplittert war sein Unterkinn.«

Der Jennerwein war in den Tegernseer Bergen noch mit sich, der Freiheit und den Gämsen allein, von hinterlistigen Jägern mal abgesehen. Dort und auch in den Chiemgauer Bergen haben die Gämsen inzwischen vor den vielen »Freiheitssuchern« längst Reißaus genommen, die Jäger sind brav geworden und kaum noch zu sehen. Welche Freiheit also suchen gerade im Chiemgau jedes Jahr Tausende von Bergwanderern, Kletterern, Naturfreunden und Mountainbikern? Die alten Zeiten sind schließlich vorbei, außer man begegnet zufällig im Wirtshaus dem Lex, weißhaarig, braungebrannt und ein sagenhafter Ex-Wilderer aus dem Achental. Gern tischt er vergangene Heldentaten auf, er hat schließlich seinen Ruf als »wuider Hund« zu wahren.

Auf den Bergen ist die Freiheit – nur noch mittelmäßig aktuell als Motiv. Für die Popularität der Chiemgauer Berge muss es deshalb noch einen anderen Grund geben. Eigentlich liegt er klar vor Augen, es ist ihre klassische Schönheit. Wie eine Theaterkulisse erheben sie sich direkt und unmittelbar aus der Ebene, ihr je nach Wetter blau verschattetes oder grün leuchtendes scharfes Profil wirkt trotz des zunächst einmal schroffen Eindrucks niemals abweisend. Je näher wir den Bergen kommen, desto einladender geben sie sich. Das hinter ihnen aufragende Tiroler Gebirge ist ganz gewiss höher, steiler und in der Fläche ungleich ausgedehnter. Doch dafür hat der schmale Streifen der Chiemgauer Alpen eine Vielzahl von Logenplätzen zu bieten, die dem Auge einmalige Ausblicke zeigen: in die Ebene nach Norden mit ihren Seen und Hügelketten, auf die Nachbargipfel und in die Flusstäler und nach Süden bis zu den Gipfeln der Zillertaler Alpen und der Tauern. Die Logen heißen Heuberg, Hochries, Kampenwand, Hochgern, Hochfelln oder Rauschberg, und dann gibt es noch die vielen daneben, dazwischen und davor gelagerten Gipfel, Hochplateaus und Almenvorberge, insgesamt ein Angebot an grandiosen Plätzen.

Die zahllosen Almen haben am Chiemgauer Bergvergnügen einen großen Anteil. Im Chiemgau zählt man über 300, viele noch nach der alten Art über den ganzen Almsommer bewirtschaftet, aber insgesamt von einer großen Vielfalt. Vom Neubau, dem man es nicht ansieht, bis zur uralten Hütte ohne Strom, die dafür seit 200 Jahren in Familienbesitz ist. Fast alle sind eingestellt auf eine anspruchslose, aber freundliche Brotzeit für den Wanderer. Sich dort niederlassen, Sonne und Ruhe genießen, das Geläut der Kuhglocken im Ohr – braucht man mehr, um zufrieden zu sein?

Die größeren Almgasthöfe, die nur zwischen November und April geschlossen haben, sind oft über kurze Wanderwege oder Bergbahnen erreichbar. Sie sind geprägt vom almerischen Ursprung, dem regional typischen Angebot und kerniger Bedienung im Dirndl. Der Berliner fragt: »Ham Sie auch ne Latte Macchiato?« Die resche Antwort auf der Staffenalm geht so: »A Latte mog er! An Kaffä gabats, Haferl oder Dassn, aber ganz gwies koa Latte ned!« Auf den Bergen ist die Freiheit – Redefreiheit inklusive.

Meine Empfehlung: Alpenvereinskarten 1:25.000, BY 17, 18 und 19.

DIE BRIEFE VOM ZIMMERMANN ZEIGT DER GEORG GERNE HER.

HÜTTENWIRT MICHAEL WAGNER /// RIED IM WINKL ///
83122 SAMERBERG /// 01 72 / 8 20 19 56 /// WWW.WAGNERALM.DE ///

GASTHOF ALPENROSE /// KIRCHPLATZ 2 ///
83122 SAMERBERG / GRAINBACH /// 0 80 32 / 82 63 ///
WWW.ALPENROSE-SAMERBERG.DE ///

DIE WAGNERS UND IHR ZIMMERMANN

Wagneralm (1.018 Meter)

Die Almbauern sind der Inbegriff von Sesshaftigkeit, auch bei den Wagners vom Samerberg war das immer so – bis auf eine Ausnahme. Die Geschichte ist zwar lange her, wirkt aber noch bis heute nach: Ein früherer Michael Wagner, Vorfahre von 1756 bis 1832, zog 30 Jahre als Zimmermann durch das Europa der Französischen Revolution. Aus Wien, Amsterdam, Köln, Straßburg, Bern, Zürich, Genf schrieb er in gestochener Schrift regelmäßig Briefe nach Hause. Alle begannen mit »Zuforr meinen Grueß«, berichteten aus der großen Welt da draußen, fragten aber auch nach der Gesundheit der Nachbarn daheim. Die Originale sind gut verwahrt, aber wenn Sie interessiert sind, zeigt der Georg vielleicht ein paar Abschriften, wenn er mag. Vorfahr Michael blieb in der Fremde, zuletzt auf der Insel Ré vor La Rochelle. Die französische Verwandtschaft dort schreibt sich auch Wagner und war schon mehrfach zu Besuch auf der Alm.

Und wo wir schon bei der Historie sind: Die Wagners vom Samerberg sind als Bauern urkundlich erwähnt seit 1637, worauf Michael Wagner und sein Bruder Georg zu Recht stolz sind. So alt wie ihr Hof ist auch die Alm, ganz familiär geht es da oben zu, ohne großen Schnickschnack.

Die Wagneralm im Gebiet der Hochries, am Fuße des Feichtecks, liegt ganz im Westen des Chiemgaus. Von ihrer Terrasse sieht man über die Berge des Inntals Richtung Wendelstein und Tölzer Berge, manchmal auch bis zur Zugspitze. Weil man bis zur Terrasse gerade mal ein halbes Stündchen schwitzen muss, ist die Alm ein beliebter Treffpunkt der Samerberger und Rosenheimer. Nach dem kleinen Abendsport können sie dort große Sonnenuntergänge erleben, und an einem Freitag kommen sie ab 18 Uhr gerade recht zum wöchentlichen Grillfest. Was die Wagners an Essen und Trinken anbieten, ist bodenständig und reichlich, es wird hier jeder Mountainbiker oder Wanderer satt.

☞ Samerberger reisen gerne, so auch der Florian, Enkel der Alpenrose-Wirtin in Grainbach. Der Jungkoch ist ein großer Steiermark-Fan, und das schmeckt man!

»Zwischen die Weltkriag ham mir allaweil noch an Romadur und an Backstein gemacht«, was übrigens auch ein Käse ist, aber deswegen heißt die Käser Alm nicht so, wie sie heißt. Schuld ist, erzählt Peter Wiesholzer weiter, der Hausname seines Hofes: beim Käser, drunten am Samerberg. Früher hieß die Alm Ebenwalder Alm, der Hofname hat sich aber mit der Zeit durchgesetzt. Und Käser Alm klingt ja auch überzeugender.

Einen Weitblick hatte er, der Alm-Bauer Wiesholzer. Er war sowieso immer schon lieber »da herobn« auf seiner Alm am Nordhang der Hochries. Die Wanderer auch, und so kam es, dass er 1998 die Käser Alm ausbaute, als zweites Standbein neben der Landwirtschaft. Mit der hörte er dann 2005 ganz auf, und aus dem Alm-Bauern wurde der Alm-Wirt. Und das mit Leib und Seele. Auch weil sich hier eine Bühne bot für seine zweite Leidenschaft, die Musik und das Theater. Die Käser Alm preist sich zu Recht als Ausflugsziel »für die ganze Familie« an – riesiger Spielplatz, viel Auslauf, null Verkehr, eine richtige »Heidi-Alm« – doch im Landkreis ist sie außerdem bekannt wegen ihres Programms.

Seit 2006 gibt es den ausgebauten Stadl mit richtiger Bühne, auf der sich Berühmtheiten der bayerischen Musik- und Kabarettszene abwechseln. Wie etwa die legitimen Nachfolger der *Biermösl Blosn*, die *Wellbappn*, mit Ex-Biermösl-Chef Hans Well und seinen drei Kindern.

Die Samerberger kennen den Wiesholzer Peter auch von eigenen Theaterstückln und Bühnenauftritten. Urlauber und Wanderer lieben seine Alm vor allem wegen ihrer Lage, der deftigen Küche und der leichten Erreichbarkeit. Wer nicht den gemütlichen Weg über Kräuterwiese und Schwarzsee nimmt oder wem die 200 Höhenmeter auf der Fahrstraße zu steil sind, der fährt mit der Hochriesbahn bis zur Mittelstation. Von dort sind's dann nur noch wenige Minuten bis ins Hochtal der Käser Alm.

✍ Die Käser Alm wird auch als Zwischenstation empfohlen bei der Wanderung auf die Hochries: 1.569 Meter, beliebter Hausberg der Rosenheimer.

VOM GASTHOF SAGBERG IN FRASDORF IN EINER STUNDE AUF DIE HOFALM.

HOFALM (HANS UND MARIA REICHOLD) ///
ALMTELEFON: 0 80 52 / 45 17 ///
WWW.FRASDORF.DE (TOURISMUS, BERGHÜTTEN) ///

FRASDORFER HÖHLENMUSEUM /// SCHULSTRASSE 7 ///
83112 FRASDORF /// 0 80 52 / 17 96 25 /// WWW.FRASDORF.DE ///

BODENSTÄNDIGE BROTZEIT
BEIM BARON AUF DER ALM

Hofalm (970 Meter)

»Unsere Alm war schon immer herrschaftlich, und zwar seit 1558 bei den Herren von Freyberg auf Hohenaschau. Später kamen dann die Preysings, und als die dann auch in einer weiblichen Linie geendet san, kamen so kloanere Geschlechter, die ham das aber alles net derhalten und dann hat's 1875 der Cramer-Klett gekauft.« Dem Baron gehört die Hofalm heute noch, so erzählt mir Hans Reichold, der eine der ältesten Almen im Chiemgau bewirtschaftet.

Aufsteigen kann man von Aschau aus, auch ab Frasdorf ist sie in einer knappen Stunde vom Gasthof Sagberg aus zu erreichen. Den steuert man am besten mit dem Auto an, hat damit schon die halbe Höhe überwunden und dazu einen einmaligen Blick auf den westlichen Chiemgau und das Rosenheimer Land. Vom Sagberg geht der Weg zur Hofalm erst über einen breiten Fahrweg durch schattigen Hochwald, später dann als Wiesensteig bis zur Alm. Stall und Ökonomieteil der Hofalm wurden regelmäßig vergrößert, auch der Kaser ist kürzlich renoviert worden. Aber die Kuchl, in der ich mein Weißbier hole und wo es Brotzeiten, Käse und Milch gibt, die ist Gott sei Dank so schön kühl und finster geblieben wie bisher. Vielleicht weil der Rosenbusch draußen vor der Tür mit jedem Jahr dichter wird.

Draußen sind seit Jahren die gleichen rauen Brettertische auf Pfosten in den Boden gerammt, die Bänke passen dazu, und wenn es voll wird, gibt's noch behelfsmäßige Balkensitze unter Bäumen oder beim Rosenbusch am kleinen Schupfen. Kinder lieben die Hofalm, weil sie sich hier austoben dürfen.

Auf der Alm stehen die Kühe von sechs Bauern und manchmal auch ein Dutzend Haflinger. Das Auf- und Abtreiben übernimmt jeder Bauer selber, »wenn's pressiert«, kommt auch mal der Lkw. Zwei Almhelferinnen hat der Hans heuer, das nutzt er für einen Plausch über Gott und die Welt in allerbester Polt-Tonlage. Ein Erlebnis – danke, Hans!

✍ Klein, aber interessant: das Frasdorfer Höhlenmuseum mit Funden aus einer Karsthöhle der Hochries – ein Höhlenbärenskelett!

STANDARDROUTE: VOM PARKPLATZ STREHTRUMPF BEI GRASSAU
AUF BESCHILDERTEM WANDERWEG ETWA EINE STUNDE.

HEFTERALM /// 01 71 / 5 26 61 45 (ALMTELEFON) /// WWW.HEFTERALM.DE ///

TRAUMBERUF SENNERIN
IM DRITTEN JAHRZEHNT

Hefteralm (1.020 Meter)

65

»Vorrang haben immer die Viecher«, das ist der feste Grundsatz von Irmi Guggenbichler. Wenn die Tiere sie zwischendurch brauchen, müssen die Besucher eben mal warten, auch wenn die Gäste auf der Hefteralm oft in der Überzahl sind. Sobald das Wetter nach Ostern wieder taugt, sind sie unterwegs, die Wanderer auf längerer Tour oder die Grassauer, die nur mal rasch »zum Hefter nauf« wollen, denn dafür reicht bei der knappen Stunde Weg der Nachmittag und ein spontaner Entschluss.

Spontan war auch der Entschluss der Irmi, bei einem Engpass 1989 auf der Alm einzuspringen. Die gelernte Krankenschwester suchte gerade eine Auszeit vom stressigen Job – dass diese Auszeit aber irgendwann ins dritte Jahrzehnt geht, das hat sie damals nicht geahnt. Heute führt sie mit ihrem Mann eine der beliebtesten Almen im Chiemgau und hat dabei ihren Traumberuf gefunden. »Wir haben den schönsten Arbeitsplatz, den man sich vorstellen kann!«

Die Hefteralm gehört seit 115 Jahren der Kaltblutzuchtgenossenschaft Traunstein, ist modern ausgestattet und trotzdem traditionell. Auf 56 Hektar Weidefläche genießen sowohl Jungvieh und Milchkühe als auch kräftige braune Rösser, Süddeutsches Kaltblut, ihren Almsommer. Die fünf Milchkühe sorgen dafür, dass es beim Hefter den klassischen Almbetrieb gibt, bei dem noch Käse und Butter selber hergestellt werden. Auch Brot wird regelmäßig selber gebacken, Kaiserschmarrn und frische Buttermilch sind ohnehin Standard, und das, zusammen mit frei laufenden Hühnern, Katzen, Ziegen und Ponys, macht den Ruf der »Familienalm« aus. Die Irmi hat's gern, wenn Betrieb ist, aber den Begriff »kinderwagentauglich« in den Touristenprospekten findet sie übertrieben. Über die schwere Almarbeit liest man dort eher wenig, und so machen die Kinder große Augen, wenn sie sehen, wie die Milch direkt und »richtig warm« aus der Kuh kommt.

✑ Wenn die lieben Kleinen mal nicht bergauf wollen: Ganz in der Nähe gibt es den Märchen-Erlebnispark in Marquartstein mit vielen Attraktionen.

PIESENHAUSENER HOCHALM /// DORFSTRASSE 22 ///
83250 MARQUARTSTEIN /// 0 86 41 / 59 23 74 ///
WWW.NADERBAUER.DE ///

EINGELEGTER ALMKAS MIT BAUERNBROT

Piesenhausener Hochalm (1.360 Meter)

66

»Nicht nur, weil wir's schön finden, sondern weil wir die Alm dringend brauchen, sind wir da heroben.« Das sagt Anton Aigner, Naderbauer aus Piesenhausen bei Marquartstein. Auf die 40 Hektar Weidefläche in 1.250 bis 1.500 Metern Höhe sind sie angewiesen. Für die 80 Stück Vieh im Tal reicht im Sommer nämlich das Futter nicht, und so kommen 40 Kalbinnen und ein paar Milchkühe fürs Kasen auf die Alm.

Vorher müssen über fünf Kilometer Zaun wieder aufgerichtet werden, was rund eine Woche dauert. Die neuen Pfosten sind aus Zedernholz und sollen 25 Jahre halten. »Bisher scheint das zu stimmen«, sagt der Bauer, überhaupt spricht da einer, der sich auskennt: mit der Forstpolitik und dem Schwenden gegen die Erosion, mit der Almförderung oder der Ausgleichszulage. Bei unserem Gespräch auf der Bank schnaubt ihm die junge Kalbin von hinten feucht ins Genick, als wollte sie sagen: »Bei dir taugt's mir.«

Heute taugt's bei ihm auch einigen Hundert Zweibeinern, für die der Aigner senior extra die Tracht mit der kurzen Ledernen trägt. An diesem Sonntag ist nämlich das jährliche Almfest auf der Piesenhausener Hochalm. Seit elf Uhr spielt die Musi, ein herrlicher Herbsttag mit Fernsicht, und die Wanderer kommen in Scharen. Der Blick ist nach Süden zum Kaisergebirge genauso einmalig wie ins Alpenvorland, außerdem gibt's heute nicht nur das »Almtypische«, sondern auch was G'scheits. »Nur almtypisch« ist freilich ein Schmarrn, denn für den selber gemachten eingelegten Almkas mit Bauernbrot mache ich die zwei Stunden Aufstieg jederzeit mit Lust!

Wie sie es mit dem Almabtrieb halten, möchte ich wissen: »Wenn nichts passiert ist, kriegt a jedes sein Kranzerl, und dann treiben wir ab. Wer's zufällig mitkriegt, der bekommt auch ein Stück vom Kranzerl, aber sonst machen wir's nur für uns.« Mehr haben sie beim Naderbauern nicht nötig.

🖋 Wer gegen Mittag an der Alm aufbricht, hat einen schönen Weg entlang der Kampenwand, und dann per Bahn oder zu Fuß bis nach Aschau ins Priental.

DIE HOCHPLATTE VON DER PIESENHAUSENER HOCHALM AUS.

BERGGASTHOF STAFFN-ALM /// AN DER BERGSTATION
HOCHPLATTENBAHN /// 83250 MARQUARTSTEIN ///
0 86 41 / 77 40 /// WWW.STAFFN-ALM.DE ///

MEIN GANZ PERSÖNLICHER HAUSBERG
Hochplatte (1.587 Meter)

Die Hochplatte ist bei mir als Hausberg fest angestellt. Sobald ich am Morgen durchs Küchenfenster nachgesehen habe, ob sie noch da ist, bekomme ich von ihr zuverlässig das Tageswetter präsentiert. Zugegeben, ich schaue noch mehrmals täglich aus anderer Perspektive nach, was sich hinter der Hochplatte im Westen wettermäßig tut. Aber so ein erster Blick am Tag verbindet, und deshalb war die Hochplatte auch der erste Grassauer Berg, den ich bestiegen habe.

Harmlos schaut sie aus von Weitem, auch weil die Kampenwand gleich nebenan als Chiemgauer Paradeberg ihr eindeutig die Schau stiehlt. Dabei haben die beiden viel miteinander zu tun. Die Kampenwand übernimmt die großen Besuchermassen, während die Hochplatte quasi von hinten die Kenner auf die Sonnenseite der Kampenwand führt. Die ist zwar nicht so spektakulär wie ihre nördliche Schauseite, dafür hat sie, immer mit Blick nach Süden, wunderschöne Almwanderungen zu bieten. Aber zurück zum Hausberg.

Sportliche lachen über die 1.000 Höhenmeter aus dem Tal. Wer dagegen nichts mehr zu lachen hat, nimmt ab Marquartstein die Hochplattenbahn zur Staffn-Alm. Von hier zum Gipfel sind es gemütliche eineinhalb Stunden, von denen das letzte Viertelstündchen nicht mehr ganz so gemütlich ist. Gut, dass an der steilen Rinne hilfreiche Latschen wachsen, griffbereit fürs Rauf- oder Runterhangeln. Zuvor gibt es grandiose Blicke ins Achental, und das Gipfelpanorama ist auch nicht zu verachten. Mein Tipp für den Rückweg: den Staffnrundweg mitnehmen, der einige der Kampenwandzacken von der Seite zeigt, was man gesehen haben sollte!

Der Rundweg endet an der Staffn-Alm, bei der ich regelmäßig Brotzeit mache, bevor es wieder talwärts geht. An Sonntagen singen hier auf der Terrasse manchmal junge Grassauer Musikanten zur *Ziach*, so nennt man im Chiemgau die Harmonika.

✍ Neben der Bergstation der Hochplattenbahn stürzen sich die Drachenflieger von einer Rampe aus in die Tiefe. Spannende und sehenswerte Momente.

DER WEG: AB SACHRANG AUF DEM WANDERWEG NR. 3 RICHTUNG PRIENER HÜTTE. DER ABZWEIG ZUR SCHRECKALM IST BESCHILDERT.

SIMMERLBAUER (TALADRESSE) /// MITTERLEITEN 3 /// 83229 SACHRANG /// 0 80 57 / 90 98 80 ///WWW.SIMMERLHOF.DE ///

GANZ OHNE SPEKTAKEL
Schreckalm (1.403 Meter)

68

Arglos gefragt habe ich die Traudl, wie sie es auf der Schreckalm mit dem Almabtrieb halten. Da runzelt sie die Stirn, schaut finster und packt gleich ihre schlimmsten Erfahrungen aus: »Vor Jahren war ich in Reutte in Tirol. Da ham's nur für die Leut' an paar Schwanzeln durchs Dorf getrieben, dann ums Eck auf den LKW verladen und wieder aufi gefahren. So ham's jede Woche an Almabtrieb machen können!« So ein Spektakel liegt der Traudl nicht, und ich sage ganz rasch, dass ich das genauso sehe.

Danach ist die Traudl in der Hütte verschwunden. An Michaeli ist Schluss für heuer, da gibt es noch viel zu richten, ohne Spektakel, versteht sich. Also genieße ich ganz allein auf der Bank Traudls Brotzeit und den überwältigenden Blick ins eben noch so gescholtene Tirol. Mein Weg aus dem Priental über den Jägersteig bot nach dem Erreichen der Almwiesen eine echte Überraschung: Die Schlammlöcher bei den Quellen waren kunstvoll mit Kalksteinen gangbar gemacht worden, deren Größe ich nur von Flussverbauungen kenne. Wie sind diese Mords-Trümmer nur da raufgekommen? Traudls Mann, der Jackl, klärt mich auf: »Des war der Hubschrauber.«

Der Simmerlbauer aus Sachrang, der die Alm bewirtschaftet, hat offenbar ein großes Herz für Wanderer und fürs Almleben überhaupt. Schön haben sie es hier, die Traudl und der Jackl, denn ihr »Simmerlkaser« ist ein Neubau, gerade mal drei Jahre alt. Innen komfortabel und außen wie für den Denkmalschutz hergerichtet. Auf der Weide stehen 91 Stück glückliches Jungvieh, dazu ein paar Milchkühe. Wanderer zum Geigelstein, die den Trubel der Priener Hütte scheuen, machen Rast auf der Schreckalm, 77 Hektar geschützte Natur am Chiemgauer Blumenberg. Der Name kommt von den »Schragen«, den früheren Zäunen aus verschränkten Stangen. So lese ich es in der Almchronik, die mir die Traudl zum Schluss auf den Tisch legt.

✍ Die Pfaffingers, also die Simmerlbauern, bieten in Sachrang auf ihrem kinderfreundlichen und naturnahen Bergbauernhof wunderschöne Ferienwohnungen an.

DIE GEIGELSTEIN-OSTSEITE IM APRIL –
BLICK VOM BERGGASTHOF STREICHEN (SEITE 73)

DER CHIEMGAUER BLUMENBERG

Geigelstein (1.813 Meter)

Unter Botanikern und Geologen heißt es, dass der Reichtum alpiner Pflanzen am Geigelstein mit der letzten Eiszeit zu tun hat. Die zweithöchste Berggruppe im Chiemgau ragte nämlich zu der Zeit als Insel aus den Strömen der Alpengletscher. Im Meer des heutigen Tourismus hat der Geigelstein auch wieder eine Inselfunktion. Nicht dass die Chiemgauer etwas gegen Fremdenverkehr hätten, doch sie setzen offenbar ihre eigenen Prioritäten.

Zum Geigelstein und seinen blühenden Almen konnten die Wanderer schon immer von zwei Seiten aufsteigen, von Sachrang im Priental und von Schleching im Achental. Anfang der 70er meinten ehrgeizige Gemeinderäte beider Seiten, der Tourismus müsse entwickelt werden, stundenlanges Wandern sei out. Die Kapazität der Priener Hütte des DAV könne man verdoppeln, eine Skischaukel zwischen beiden Tälern sei super für den Wintersport. Eine Sesselbahn ab Schleching gab es ja schon, also warum nicht noch ein paar Lifte dazu? Die Tiroler könnten das ja auch. Sofort regte sich heftiger Widerstand im Chiemgau, eine Bürgerinitiative ging in Stellung, und 1991 war es so weit: Der »Chiemgauer Blumenberg« steht seitdem unter Naturschutz.

Der Tourismus wurde deswegen nicht weniger, im Gegenteil. Die seltenen Pflanzen und nicht die Lifte ziehen die Wanderer zum Geigelstein. Zum Beispiel zur Roßalm auf 1.681 Metern Höhe, der höchstgelegenen bewirtschafteten Alm in Bayern überhaupt und quasi ein Botanischer Garten aus dem Tertiär, nebenbei mit den einzigen Murmeltieren im Chiemgau. Am Geigelstein wachsen allein 16 Enziansorten, ein seltenes Wollgras aus der Arktis, die Mondraute, als Urpflanze die Mutter aller Farne, und viele weitere botanische Kostbarkeiten.

Was dagegen verkümmert, ist das Liftgeschäft. Die Geigelsteinbahn bei Schleching steht seit 2013 still, wer möchte, kann sie kaufen oder pachten.

✎ Den Parkplatz der Geigelsteinbahn kann jetzt jeder nutzen, der den wildromantischen Schmugglerweg oberhalb der Entenlochklamm nach Kössen gehen möchte.

VOM WANDERPARKPLATZ UNTERHALB DER STREICHENKIRCHE IST
DER WEG BESCHILDERT, ETWA ANDERTHALB STUNDEN DAUER.

CHIEMHAUSER ALM /// 0 86 49 / 13 54 ///

ALMABTRIEB ALS ARCHE NOAH

Chiemhauser Alm (1.050 Meter)

70

»Da Summa is uma«, denkt sich die Katze von der Chiemhauser Alm. Niemand mehr zum Spielen, seit Tagen keine Sonne und nur noch Nebel. »Pfüat di God, schöna Herbst, da Winta geht an«, heißt es im Lied vom Summa, und weil für übermorgen Schnee angesagt ist, macht Frauchen Regina Niederhauser für diesen Sommer Schluss.

Den Abschied von der Alm kennt die Regina nun schon seit 30 Jahren. Früher hat die Bio-Bäuerin aus Achberg sich dabei ums eigene Vieh gekümmert, heute werden die »Pensionsviecher«, also die 40 Jungrinder, die bei ihr den Almsommer genießen, von ihren Bauern abgeholt. Trotzdem gab es bis vor Kurzem noch so etwas wie einen Almabtrieb. »Das war scho fast eine Arche Noah«, beschreibt Regina das Ereignis. Als sie nach dem Tod ihres Mannes die eigenen Milchkühe abgeschafft und die 20 Hektar Almwiesen verpachtet hatte, trafen die Besucher ihrer Alm bald auf Schafe und Ziegen, auch auf Enten, Hasen, Tauben und sogar Hängebauchschweine. Den Streichelzoo – das Wort mag sie nicht – gibt es auch heute noch, wenn auch etwas kleiner.

Als ich im Hochnebel aufstieg, hörte ich von oben zwei Gockel um die Wette krähen. Ich erfahre, dass der größere gerade dafür gesorgt hat, dass hinten im Schupfen eine Bruthenne sich um zwei frisch geschlüpfte »Biberl« kümmern muss. Die Almbäuerin macht sich Gedanken, wie der Nachwuchs die zwei kalten Nächte bis zum Almabtrieb übersteht. Ohne die Viecher, egal ob groß oder klein, wäre ein Almsommer für Regina nicht denkbar.

Ihre Alm ist seit über 100 Jahren in Familienbesitz, im Mittelalter gehörte sie zum Kloster Herrenchiemsee. Strom hat sie keinen, nur Batterie-Radio und Gaslicht; doch sie vermisst nichts da oben, und ich kann mit ihr ergiebig über Gott und die Welt ratschen. In Achberg warten jetzt der große Hof und der Winter auf sie. Servus Regina, bis zum nächsten Summa!

✎ Der Weg von der Alm ist nicht lang, es bleibt also noch Zeit für die Pfarrkirche St. Remigius in Schleching, ein sehenswerter Bau des frühen Rokoko.

DAS BLAUE AUGE DES CHIEMGAUS
Taubensee (1.138 Meter)

Der Taubensee ist der höchstgelegene Bergsee des Chiemgaus, auch deshalb sieht man hier keine Tauben, sondern nur die üblichen Bergdohlen. Der Name kommt von den Daubben oder Daupn, wie die seltenen Steinkrebse im Chiemgau genannt werden. Wegen der hohen Wasserqualität kommen sie neben Muscheln auch heute noch im Taubensee vor. Baden ist trotzdem nicht verboten, aber das findet, wenn überhaupt, zum Glück ohne Luftmatratzen, Sonnenschirme und Getümmel statt. Der idyllische See ist nämlich nur durch längere Wanderungen zu erreichen, die teilweise anspruchsvoll sind.

Besonders der Kroatensteig aus Richtung Norden hat es in sich. Über ihn sollen im Spanischen Erbfolgekrieg um 1700 kroatische Truppen der Österreicher den Zugang ins Achental gefunden haben. Auch von Reit im Winkl und Unterwössen aus kommt man zum See, und mit Kindern geht es am besten von Kössen in Tirol in drei Stunden über den teilweise steilen Fahrweg zur Taubensee-Hütte. Diese liegt fünf Minuten vom See entfernt und bietet einen herrlichen Ausblick auf den Wilden Kaiser. Ihr Kaiserschmarrn hat sich als Motivation und Steighilfe bei den Kleinen sehr bewährt.

Der See gehörte bis zur Säkularisation zum Erzbistum Chiemsee und lieferte seinen Klöstern neben den Krebsen auch Hechte, Barsche und Forellen. Diese wurden, so meldet die Infotafel am Seeufer, lebend in hölzernen Bottichen bergab transportiert. An Bächen und Quellen durften sich die Fische und Krebse in »Fischwasserkaltern« zwischendurch erholen. Frühe Tierschützer? Eher nicht, die Klosterherren wussten damals halt genau, wie man es sich gut gehen lässt.

Das »blaue Auge des Chiemgaus« hat mit nur 3,6 Hektar Fläche eine Tiefe von immerhin 40 Metern. Seine geologische Besonderheit: Er hat weder Zufluss noch Abfluss und speist sich nur aus dem Oberflächenwasser des umgebenden Bergkessels.

🖋 Wer es den Kroatensteig hinaufgeschafft hat und den Rückweg scheut, der macht besser den Rundweg über den bequemeren Luftbodensteig.

STANDARDROUTE: AB DEM WANDERPARKPLATZ REIT IM WINKL, ORTSTEIL BLINDAU, BESCHILDERTE WEGE.

SULZNERHOF /// SULZEN 1 /// 83324 RUHPOLDING /// 0 86 63 / 24 88 /// WWW.SULZEN.DE ///

Die Bergstraße ab Reit im Winkl habe ich mir deshalb ausgesucht, weil ich lieber in der Sonne aufsteige. Dafür muss ich jetzt auf die roten Allradbusse achten, die pausenlos Gäste nach oben karren, denn heute ist Almfest auf der Hindenburghütte. Bald höre ich Musik, das Wetter ist herrlich, und die Menschen feiern auf den voll besetzten Terrassen. Ich will aber weiter zum Hochplateau der Hemmersuppenalm, die Musik klingt noch lange nach, schöne alte Stückln, gut zum Mitsummen.

Der seltsame Name der Alm erklärt sich so: Hemmer ist das einheimische Wort für den weißen Germer, ein giftiges Unkraut, das hier in moosigen Senken, den Suppen, wächst und das die Kühe meiden. Neugierig gemacht hat mich Gerhard Oelkers, der in seiner Dokumentation *Unsere Almen* spannende Details über das uralte Almdorf berichtet. Brotzeit mache ich beim Sulzner-Kaser, wo ich mit der Sennerin ins Gespräch komme. Erst vor vier Wochen ist das letzte Kalb hier oben auf die Welt gekommen, nicht das erste in diesem Sommer. Mutterkuhhaltung betreibt ihr Bauer aus Ruhpolding auf seiner Alm, »hier kennan d'Kaiwen aufwachsen, wie sich's g'hört«, freut sie sich. Eine Gruppe von Bergwachtlern lässt sich nieder, jetzt wird's hier richtig zünftig, eben wie sich's g'hört.

Ich gehe weiter zur St.-Anna-Kapelle, vor über 100 Jahren von den Bauern errichtet und als Kraftplatz bekannt. Der Blick geht in ein idyllisches Wiesental mit verstreuten Hütten, Kasern und Ställen, mit Wanderwegen in alle Richtungen, traumhaft! Zur Winklmoosalm, einer ähnlichen, aber touristisch viel bekannteren Almfläche, ist es von hier aus nicht weit. Doch wenn ich die Wahl hätte, würde ich mich im Sommer nirgendwo anders als bei den Hemmersuppen einmieten. Um dann am Fuß von Fellhorn und Steinplatte alles genussvoll zu durchwandern. Dafür gibt es keinen schöneren Platz im Chiemgau.

☞ Mein Tipp für einen Tagesrundweg: ab Seegatterl mit der Bahn zur Winklmoosalm, über die Hemmersuppenalm nach Reit im Winkl und im Schwarzlofertal zurück.

STANDARDROUTE: VOM WANDERPARKPLATZ IN STAUDACH DEM BESCHILDERTEN WEG FOLGEN

IRMIS BESUCH (LINKS) IST SCHON 80, ABER EINMAL IM JAHR IST BESUCH AUF DER ALM PFLICHT.

STAUDACHER ALM /// 01 71 / 4 59 65 95 ///

DIE IRMI UND DIE MOUNTAINBIKER

Staudacher Alm (1.150 Meter)

Uralt und idyllisch ist die Staudacher Alm, genau der richtige Platz, um nach einem frühen Aufstieg die Sonne abzuwarten, wenn die Wolken am Berg festhängen. Die Wand zur Zwölferspitz verbirgt sich noch, aber von Westen her wird es schon heller, und dann geht es plötzlich ganz rasch. Blauer Himmel, ein paar Restwolken ziehen nach oben ab, und der steile Bergwald sagt uns: »Auf geht's!« Bis dahin haben wir mit Irmi, der Almerin, und ihrem Besuch auf der Hausbank alte Fotos angeschaut und dabei im Gespräch erfahren, dass hier »früher mal sechs Kaser gestanden sind«. Aus der Stube heraus duftet es nach frischem Zwetschgendatschi, und Irmis Schmalzbrot liefert derweil die Energie für den kommenden Aufstieg zum Hochgern.

»Du mogst also a Buach macha, und was jetzt genau?« Ich erkläre, dass es so eine Art Führer zu den besonderen Plätzen im Chiemgau werden soll. »An Führer? Aber bittschön koan Radlführer!« Und jetzt kommt's: Zum Thema Mountainbiker hat die Irmi eine eigene Meinung, ihre Erfahrungen mit der bunten Truppe sind offenbar sehr gemischt. »Habt ihr das Marterl gesehen?« Ja, haben wir. Und gerätselt haben wir auch, was wohl der 25-jährigen Anja 2006 im Alpbachtal passiert sein mag. Jetzt erfahren wir es. Ein tödlicher Biker-Unfall durch falsches Bremsen, die Abkürzung hatte einen schnelleren Weg vom drohenden Unwetter weg versprochen. »Wia die Wuidn rasens daher, und sehen tun's nix von der Natur!« Wenn sie dann bei Unfällen gerettet werden wollen, müssten andere dafür geradestehen. Zahlen sollten sie dafür, und zwar kräftig, meint die Irmi. Aber sie beruhigt sich auch wieder und erzählt von der Zeit, als die Viecher noch in die Waldweide durften, und wie mühsam damals das ständige Suchen war.

Wir brechen auf, Irmi wünscht uns einen guten Weg und »bis Kirchweih san mir noch da!« Ende September ist das gut zu wissen.

✍ Rundweg für Trittsichere: von Staudach zur Staudacher Alm, von dort zur Schnappenkirche, einem grandiosen Aussichtsplatz, und zurück nach Staudach.

DER HOCHGERNGIPFEL SCHAUT AUF DEN LETZTEN METERN HARMLOS
AUS, ABER WER DANN OBEN IST, WEISS, WAS ER GETAN HAT.

HOCHGERNHAUS /// HOCHGERN 1 /// 83250 MARQUARTSTEIN ///
0 86 41 / 6 19 19 /// WWW.HOCHGERNHAUS.DE ///

Gesehen hat sie jeder schon mal, der ins Achental fährt, vielleicht auch gerätselt über den weißen Fleck links an der Bergflanke. Heute wollen wir sie besuchen, die Schnappenkirche auf 1.100 Metern. Danach geht's noch auf den Hochgern, also liegt eine ordentliche Tagestour vor uns.

Am Wanderparkplatz Staudach beginnt der Aufstieg, der bald zum steilen Steig wird, etwas ungepflegt, aber machbar und zum Glück immer schattig. Der Chiemgau-Blick von der Schnappen, dem ersten Logenplatz, ist dafür später ein echtes Geschenk. Beim Studium der Schilder über die Historie der Kirche lässt sich gut verschnaufen. Originell ist die Geschichte mit dem Hirsch, der die Glocke läutet, das mit dem gemeuchelten Grafen kann nach 1.000 Jahren aber niemand mehr so genau nachprüfen.

Über die Staudacher Alm und einen langen, steilen Zickzacksteig neben der Wand der Zwölferspitz erreichen wir nach zwei Stunden die Wiesen unterhalb des Hochgerngipfels. Sonnige Platzerl zum Verschnaufen mit Blick auf ein merkwürdiges Felsentor. Noch eine knappe Stunde und wir sind am Gipfelkreuz und damit am zweiten Logenplatz mit einem grandiosen Rundblick in alle Richtungen. Die zurückgelegten 1.200 Höhenmeter machen sich bemerkbar, die paar Meter zum Nebengipfel mit der kuriosen Miniaturkapelle müssen aber noch sein, hier ist schließlich das Gipfelbuch verstaut.

Satt vom Schauen gehen wir am frühen Nachmittag abwärts zum Hochgernhaus (1.461 Meter). Wenig los heute an einem Wochentag, der Sima Hans reicht die Speckknödelsuppe wie üblich durchs Fenster hinaus zur Südbank, unserem dritten Logenplatz heute. Der Blick auf das Kaisergebirge und alle Schneegipfel dahinter macht richtig andächtig. Noch zweieinhalb Stunden brauchen wir über die Forststraßen bis nach Marquartstein, vorausschauend haben wir für den Rundweg dort ein zweites Auto geparkt.

✎ Im Hochgernhaus kann man auch übernachten. Wer runterwärts von der Nacht eingeholt wird, dem leuchten ab Agergschwend im Juni die Glühwürmchen.

MUSIKANTENTREFFEN UNTERM GIPFEL
Bründlingalm (1.161 Meter)

Ich wollte immer schon mal wissen, warum beim Stichwort Bründlingalm die Bergfexe sofort leuchtende Augen bekommen und die Anekdoten nur so sprudeln. Den Grund kenne ich jetzt, und auch einen neuen Lieblingsplatz.

Jeden ersten Montag im Monat ist auf der Bründlingalm Musikantentreffen, 500 Meter unter dem Gipfel des Hochfelln. Kommen kann jeder, der mag und sich ein bissl was auf einem Instrument zutraut. Das gilt auch im November, so ab sechs auf d'Nacht füllen sich die beiden Stuben mit Wanderern in dicken Jacken, für die Dunkelheit draußen haben sie ihre Stirnlampen. Nur von Musikanten ist bis auf eine einsame Tuba noch nichts zu sehen. »Hinten steht noch eine Gitarre«, sagt der Wirt, und die Ziach in der Ecke sieht auch ganz brauchbar aus. Kurz nach sieben beginnt dann ein Zufallstrio zu spielen, und das klingt auch noch richtig gut! Der Kachelofen ist eingeheizt, die Stimmung ausgelassen, alle scheinen sich zu kennen, das Bier fließt, und die Küche bekommt heute richtig gut zu tun.

Damit sind wir wieder beim Wirt: Hörbar kein Bayer, aber immerhin aus einem Freistaat, aus Sachsen, genauer aus Dresden. Direkt nach dem Mauerfall hat der »Hubbi«, wie ihn seine Stammgäste nennen, nach Stationen in Gmunden und Aschau die Bründlingalm gepachtet. Das war eindeutig Liebe auf den ersten Blick, auch zwischen Gästen und Wirt, wenn ich die Kommentare richtig deute. Sein Handwerk versteht er, seine Küche passt, und an der Dekoration hat er nie etwas geändert. Die wächst seit Jahren organisch weiter, keine Wand ohne Gästefotos und Urlaubskarten, familiärer geht es kaum. Und die Räuchermännchen auf dem Fensterbrett? Eindeutig Erzgebirge, ein biss'l Identität darf schon noch sein. Drum wird der Hubbi auch nie eine Lederne anziehen. Im Dresdner Ratskeller hat er gelernt, seine Kinder sind in Prien geboren und »hier ist er dahoam«.

🎵 Die Alm hat ganzjährig geöffnet, als ideale Station beim Weg auf den Traunsteiner Lieblings-Hausberg, den Hochfelln. Ob mit Bahn, Bike oder zu Fuß.

BLICK AUF DAS SONNTAGSHORN

RAUSCHBERGBAHN /// RATHAUSSTRASSE 12 /// 83324 RUHPOLDING ///
0 86 63 / 59 45 /// WWW.RAUSCHBERGBAHN.COM ///

RAUSCHBERGHAUS /// RAUSCHBERG 2 /// 83324 RUHPOLDING ///
0 86 63 / 41 98 40 /// WWW.RAUSCHBERGHAUS.DE ///

GUT ERSCHLOSSEN, ABER OHNE RUMMEL
Rauschberg (1.671 Meter)

Heute gönne ich mir einen Gipfelsturm per Seilbahn, denn erstens weiß ich nicht, ob das Wetter für eine Wanderung hält, und zweitens wollte ich schon lange mal wieder mit solch einem Vehikel fahren. Die Rauschbergbahn auf den Ruhpoldinger Hausberg wurde kürzlich erst generalüberholt, und schnell soll sie auch noch sein. Also keine lange Schaukelei, die ja niemand so recht mag. Und wirklich, mit 2,5 Metern in der Sekunde geht's hinauf, oben ist prächtige Sicht, und ich mache mich auf die Suche nach guten Fotomotiven. Mehr ist für heute nicht geplant.

Walter Angerer der Jüngere, prominenter Chiemgauer Künstler und Schöpfer von bemerkenswerten Freiluft-Standbildern, ist am Rauschberg quasi allgegenwärtig. Vor allem seine großen Metallfiguren nach Art überdimensionaler Scherenschnitte machen Eindruck, wenn sie ihre Konturen gegen den hellen Himmel stellen. Von diversen Gipfelpunkten aus gelingen mir schöne Bilder ins Tal und zur Kulisse des Sonntagshorns, mit 1.961 Metern höchster Berg im Chiemgau. Danach ist ein Bier auf der Rauschberghaus-Terrasse fällig. Gegen Mittag kommen mit der Bahn die Familien, auch der eine oder andere Wanderer und Biker auf dem Normalweg. Das muss man den Ruhpoldingern lassen, Rummel herrscht keiner am Berg, auch wenn viel von dem geboten wird, was unter »touristisch gut erschlossen« läuft.

Auf der Rückfahrt ist die Kabine fast leer. Der ältere Herr am Steuerstand erklärt zwei neugierigen Knirpsen, wie das mit den Trag- und Zugseilen funktioniert, mit dem Seil-Nachrücken, der Doppelbelastung an den Pfosten und mit den Gondel-Tanks für das Rauschberghaus, denn »oben gibt's kein Wasser«. Die beiden Kids sind fasziniert. Später erfahre ich, dass der Rentner Karl als Ex-Seilbahner bei Bedarf gerne einspringt. Wer mit ihm am Rauschberg fährt, hat sozusagen das Privileg einer Sonderfahrt.

✍ Am Rauschberg wurden früher Zink- und Bleierze abgebaut. Rauschen hießen die Gesteinsteile, die beim Erzwaschen zuerst zu Boden sanken, daher der Name.

STANDARDROUTE: AM WANDERPARKPLATZ BEIM
FORSTHAUS ADLGASS BEGINNEN ZWEI BESCHILDERTE WEGE.

BÄCKERALM /// ALMTELEFON: 01 71 / 7 24 22 95 ///

LANDKAUFHAUS MAYER /// VACHENDORFER STRASSE 3 ///
83313 SIEGSDORF /// 0 86 62 / 4 93 40 ///
WWW.LANDKAUFHAUSMAYER.DE ///

Bäckeralm (1.100 Meter)

Es ist egal, wo man im Chiemgau vom Berg aus nach Süden schaut, der Kaiser ist immer präsent. Bei meinem Gang zur Bäckeralm war's aber herbstlich bedeckt und außerdem ein bissl zu weit östlich. Schade, weder ein wilder noch ein zahmer Kaiser in Sicht, dann hol' ich ihn mir halt zum Trost als Schmarrn auf den Tisch. Und was soll ich sagen? Hier oben, von der Elisabeth auf dem Holzofen hergerichtet, schmeckt er noch um einiges besser als da, wo mir der Kaiser beim Schmarrnessen zuschauen kann. Einen Schmarrn red ich? Mag sein, hat bestimmt mit dem grauen Herbst zu tun. »Elisabeth, machst du mir einen Kaffee?« Vielleicht hilft's ja.

Ein Schild auf halber Höhe des Weges berichtet, dass hier mitten im Bergwald einmal der Hocherbhof gestanden hat, mit 65 Tagwerk Weide und Acker. Später lese ich nach, dass die Witwe Therese Baumgartner 1861 an die königliche Saline verkaufen musste, die dann den Hof schleifte und alles zu Wald machte. Renaturierung? Wohl kaum, das Holz werden sie gebraucht haben, für ihre hungrigen Sudpfannen in Traunstein.

Endlich Stimmungsaufhellung, die Sonne kommt ein wenig raus. Elisabeth, die Bäuerin, setzt sich zum Reden zu mir. Aus dem Jahr 1799 ist die Bäckeralm, kaum etwas wurde seitdem verändert, nur das Dach haben sie manchmal neu gedeckt. Die Familie Hallweger in Teisenberg bewirtschaftet die Alm seit 1920 – ihr Hof heißt seit Urzeiten *Beim Bäck*, daher der Name. Ein Dutzend Jungvieh steht jeweils für zwei Jahre auf den sechs Hektar Almwiese, »die san dann scho was wert nachad«. Die Hallwegers müssen rechnen, auch als Biobauern; nicht die ersten, die ich auf Almen treffe. Wo Eier, Milch und Mehl für meinen Kaiserschmarrn herkommen, kann ich auf der Karte nachlesen. Die Stunde Weg lohnt sich aber auch für den, der nicht auf Süßes steht, sondern auf Brot und Speck mit einem Glas naturreinem Wein.

🐌 Ein Platz für Alternativ-, Eso- und Bio-Fans: das Landkaufhaus Mayer in Siegsdorf-Schweinbach. Nicht nur im Chiemgau, sondern in ganz Bayern einmalig!

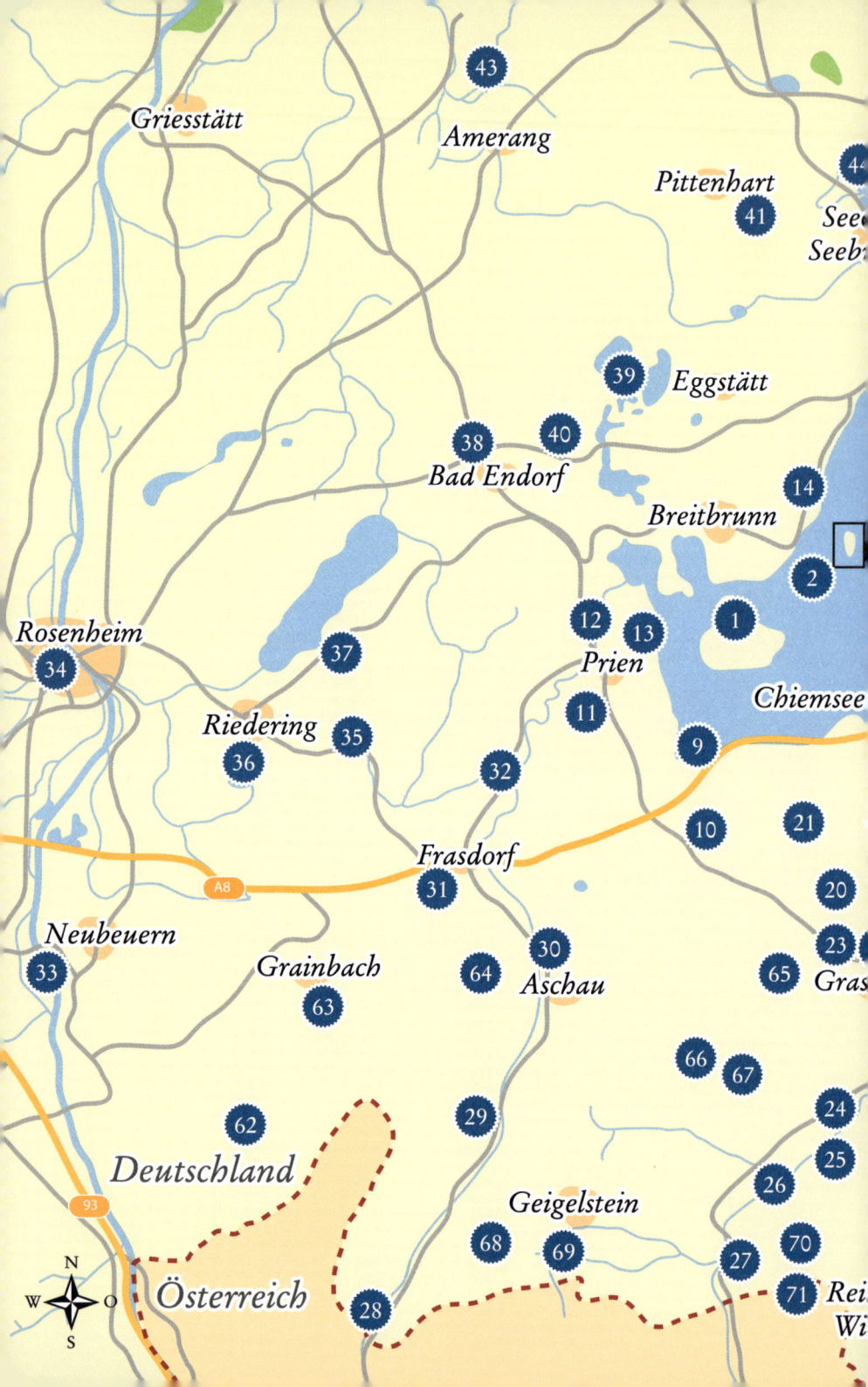

Fraueninsel

51
Altenmarkt
50 52
Traunreut
45
6
bruck
53

3 5
4
6

49 48
Traunstein
47

16
7 Grabenstätt 54
wies A8
55
18 Siegsdorf

77
56
75 Inzell
Ruhpolding
73
74
58
59
76
57

72 ↓ 60

OHNE SCHMARRN.

Unsere Lieblingsplätze 2016

978-3-8392-1984-3 978-3-8392-1987-4

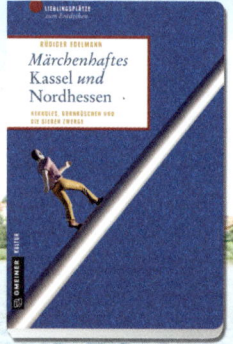

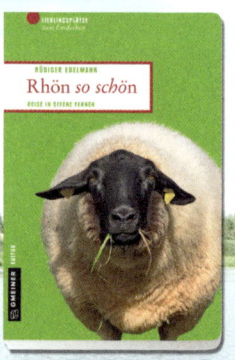

978-3-8392-1982-9 978-3-8392-1980-5 978-3-8392-1985-0

978-3-8392-1981-2 978-3-8392-1983-6 978-3-8392-1986-7